Horizontes Simbióticos

TERCERA EDICIÓN

HORIZONTES SIMBIÓTICOS

Explorando la Conexión Entre la IA y el
ser Humano

CAN BARTU H.

2024

Horizontes Simbióticos

Can Bartu H.

Prólogo

Bienvenido a un viaje revelador al panorama evolutivo de la inteligencia artificial y su profundo impacto en nuestro mundo. Este libro le invita a explorar la intrincada relación entre los avances tecnológicos y la experiencia humana.

En una era donde la innovación transforma rápidamente nuestra vida cotidiana, la IA se sitúa a la vanguardia, desafiando nuestras percepciones y presentando oportunidades ilimitadas. Este volumen profundiza en la compleja interacción entre la IA y la humanidad, examinando sus promesas, los desafíos que presenta y las consideraciones éticas cruciales que deben guiar su desarrollo.

Al navegar por estas páginas, descubrirá el extraordinario potencial de la IA para revolucionar campos como la salud, la educación, los negocios y la creatividad. La capacidad de la IA para ampliar las capacidades humanas y abrir nuevas fronteras del conocimiento sin duda le maravillará ante las posibilidades que se avecinan.

Sin embargo, esta exploración no se centra únicamente en el optimismo. También asume la responsabilidad vital que conlleva el rápido crecimiento de la IA. Se plantean cuestiones cruciales sobre el desarrollo ético de la IA, la colaboración entre humanos y la IA, y la necesidad de mantener una perspectiva centrada en el ser humano en un mundo impulsado por la IA. Al examinar los complejos desafíos y riesgos, los autores se esfuerzan por sentar las bases para una coexistencia armoniosa con la IA.

Cada capítulo ha sido elaborado meticulosamente para ofrecer una comprensión integral de la naturaleza multifacética de la IA. A medida que lea, se sumergirá en la interacción dinámica entre la tecnología y la humanidad, explorando cómo la IA puede empoderarnos, a la vez que defiende nuestros valores y el bienestar social. Le animamos a embarcarse en esta aventura intelectual, a cuestionar sus perspectivas y a reflexionar sobre el futuro que estamos construyendo colectivamente.

Que esta exploración despierte tu curiosidad, despierte tu imaginación y te capacite para navegar el futuro con conocimiento y compasión. ¡Feliz lectura!

CONTENIDO

CAPÍTULO 1

Introducción

1.1 La conexión entre la inteligencia artificial y la humanidad

La relación entre la Inteligencia Artificial (IA) y la humanidad es un tema de extraordinaria importancia y complejidad. A medida que la generación de IA avanza a un ritmo acelerado, su integración en numerosos aspectos de nuestras vidas plantea profundas preguntas sobre la interacción y coexistencia de nuestro destino con esta presión transformadora.

La trayectoria de la IA se remonta a los primeros esfuerzos de los científicos informáticos por imitar la inteligencia humana en máquinas. Con el paso de los años, la IA ha evolucionado y madurado, alcanzando hitos en campos como el aprendizaje automático, el procesamiento del lenguaje natural, la visión artificial y la robótica. Estos avances han contribuido a su adopción generalizada en todos los sectores y la han convertido en una parte inseparable de la vida moderna.

Uno de los aspectos esenciales de la conexión entre la IA y la humanidad reside en el desarrollo de las capacidades humanas. Las tecnologías de IA, en particular los algoritmos de aprendizaje automático y las redes neuronales, han demostrado su capacidad para procesar grandes cantidades de datos y realizar tareas complejas con una velocidad y precisión sin precedentes. Este desarrollo de las capacidades humanas tiene un enorme potencial para revolucionar diversos sectores, desde la salud y las finanzas hasta la producción y el transporte.

En nuestra vida diaria, la IA se ha vuelto cada vez más integrada y omnipresente. Los asistentes virtuales, los chatbots y los dispositivos inteligentes se han vuelto comunes, simplificando numerosas tareas y ofreciendo análisis personalizados. Las estructuras de asesoramiento basadas en IA han transformado la forma en que consumimos contenido y tomamos decisiones de compra. Además, la función de la IA en sectores como la salud ha permitido una mayor precisión en los diagnósticos y planes de tratamiento más eficaces.

Sin embargo, esta integración de la IA en la sociedad también plantea problemas éticos. El uso de algoritmos de IA en estrategias de toma de preferencias, junto con la contratación, los préstamos y la justicia penal, ha suscitado inquietudes sobre el sesgo y la imparcialidad. Además, la dificultad de la privacidad y la protección de las estadísticas es un problema crucial, ya que las estructuras de IA dependen de grandes cantidades de datos para su entrenamiento y optimización.

Además, la preocupación por el desplazamiento de sistemas debido a la automatización de la IA se ha convertido en un problema común. Si bien la IA tiene la capacidad de optimizar los flujos de trabajo y mejorar la productividad, también ha generado inquietud sobre el futuro del trabajo y la necesidad de capacitar y mejorar las habilidades del personal.

El impacto de la IA en la creatividad y las humanidades también ha sido objeto de exploración. Las obras de arte, la música y la literatura generadas por IA han suscitado debates sobre la esencia de la creatividad humana y el papel de la IA en la expresión ingeniosa. Si bien la IA puede producir obras excepcionales, la cuestión de si posee verdadera creatividad y emoción permanece abierta a la interpretación.

Abordar las implicaciones éticas de la IA y garantizar su desarrollo responsable son pasos esenciales para fomentar una relación armoniosa entre la inteligencia artificial y la humanidad. Las partes interesadas, como gobiernos, agencias, investigadores y el público en general, desean colaborar para establecer marcos sólidos de gobernanza de la IA que promuevan la transparencia, la equidad y la responsabilidad.

La conexión entre la inteligencia artificial y la humanidad es compleja y multifacética. El potencial transformador de la IA ofrece numerosas posibilidades para la mejora social, el crecimiento económico y el descubrimiento clínico. Sin embargo, para navegar con éxito en esta nueva era, es fundamental abordar situaciones moralmente traumáticas y diseñar estructuras de IA que se alineen con los valores y aspiraciones humanas. De este modo, podremos fomentar un futuro en el que la IA y la humanidad coexistan simbióticamente, generando avances notables para el bienestar de nuestra comunidad global.

1.2 Propósito y estructura del libro

El propósito de este libro electrónico es explorar la problemática relación entre la Inteligencia Artificial (IA) y la humanidad, centrándose en las posibilidades, las situaciones traumáticas y las implicaciones de poder que surgen de su interacción. A medida que la IA continúa revolucionando diversos ámbitos de nuestras vidas, comprender su impacto en la humanidad y la sociedad se vuelve crucial.

El objetivo de este libro electrónico es ofrecer una evaluación completa y equilibrada de la multifacética conexión entre la IA y la humanidad. Al profundizar en diversos aspectos de esta relación, buscamos ofrecer a los lectores una perspectiva matizada que trasciende los debates superficiales sobre la IA.

En la sección introductoria, establecemos el nivel de exploración al ofrecer una visión integral del auge de la IA, desde sus orígenes hasta la situación actual del sector. Este contexto histórico permite a los lectores comprender la transformación de la IA y sus implicaciones para el futuro.

El capítulo 1 se especializa en la mejora de las habilidades humanas mediante la IA. Profundizamos en las técnicas que la tecnología de IA utiliza para potenciar la toma de decisiones, la resolución de problemas y las capacidades creativas de las personas. Comprender cómo la IA empodera a las personas y a las empresas es fundamental para comprender sus beneficios para la sociedad.

El capítulo 2 explora la integración de la IA en nuestra vida cotidiana. Analizamos aplicaciones reales de IA, como asistentes virtuales, sistemas de referencia y vehículos autónomos, para mostrar cómo la IA influye en diversas industrias y sectores. A través de estos ejemplos, los lectores comprenderán mejor las implicaciones prácticas de la IA a escala global.

Las preocupaciones éticas ocupan un lugar central en el capítulo 3. Abordamos problemas relacionados con el sesgo en los algoritmos de IA, la privacidad de los datos y la transparencia. Analizar las situaciones éticamente estresantes que rodean a la IA es fundamental para fomentar su desarrollo responsable y garantizar que se ajuste a los valores humanos y las normas sociales.

El capítulo 4 profundiza en la prioridad del desplazamiento de actividades debido a la automatización de la IA. Se aborda el impacto potencial de la IA en la fuerza laboral, la necesidad de capacitación y la importancia de prepararse para el futuro panorama técnico. Gestionar los cambios que trae consigo el uso de la IA en el mercado laboral requiere una estrategia proactiva para apoyar a la población.

El capítulo 5 se centra en las características de la IA en la creatividad y las artes. Al estudiar las obras de arte, la música y la literatura generadas por IA, descubrimos los límites de las competencias modernas de la IA y su relación con la creatividad humana. Comprender esta interacción enriquece el debate sobre el papel de la IA en la configuración de la expresión cultural.

En el capítulo 6, abordamos la búsqueda de una IA ética y el papel de las distintas partes interesadas en promover la equidad, la transparencia y la responsabilidad en los sistemas de IA. Desarrollar una IA ética es una obligación colectiva que requiere la colaboración entre gobiernos, organizaciones e investigadores.

En la conclusión, resumimos los hallazgos y perspectivas clave del libro. Reiteramos la importancia del efecto de la IA en la humanidad y subrayamos la importancia de las cuestiones éticas para determinar el futuro de la IA.

La razón y el formato de este libro electrónico buscan brindar a los lectores una comprensión integral de la relación entre la IA y la humanidad. Al examinar el potencial de la IA, las situaciones desafiantes y las implicaciones éticas, esperamos fomentar debates informados y la toma de decisiones que faciliten una coexistencia armoniosa entre la IA y la humanidad, garantizando que la IA impulse el desarrollo y el progreso humano de primer nivel.

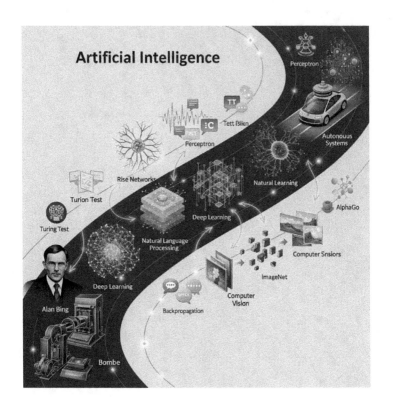

CAPÍTULO 2

La historia y el desarrollo de la inteligencia artificial

2.1 Orígenes y primeros pasos de la inteligencia artificial

2.1.1 Alan Turing y la prueba de Turing

Alan Turing, matemático pionero, investigador de hechos y científico informático, desempeñó un papel fundamental en el desarrollo de la computación moderna y la inteligencia artificial. Nacido en 1912, sus contribuciones a los campos de la aritmética y la informática son reconocidas hasta nuestros días. Entre sus muchas ideas innovadoras, la idea del Test de Turing se erige como un hito en la investigación de la IA.

La prueba de Turing, propuesta por Alan Turing en su artículo de 1950 titulado "Maquinaria de computación e inteligencia", buscaba responder a la pregunta de si las máquinas debían demostrar una inteligencia similar a la humana. Turing preveía una prueba en la que un evaluador humano entabla conversaciones en lenguaje natural con un humano y un dispositivo, sin saber cuál es. Si el evaluador no puede distinguir con fiabilidad entre el humano y el dispositivo basándose en sus respuestas, se dice que el dispositivo ha superado la prueba de Turing e incorporado inteligencia artificial.

El Test de Turing inspiró la observación de la inteligencia artificial y la búsqueda de máquinas inteligentes en desarrollo. El interés de Turing por la conversación y el lenguaje como factor determinante de la inteligencia fue innovador en su momento y sigue siendo influyente en el campo de la IA en la actualidad.

Aunque el Test de Turing se convirtió en un concepto histórico, también ha suscitado debates y evaluaciones. Algunos argumentan que la capacidad para superar el Test de Turing es simplemente una medida de una conducta superficial, similar a la humana, que no siempre indica inteligencia o interés genuinos. Otros cuestionan la capacidad del test para captar todos los elementos de la inteligencia humana, que abarcan los sentimientos, la creatividad y la autoconciencia, atributos que las máquinas podrían no poseer.

Sin embargo, las contribuciones de Turing al perfeccionamiento de la IA se extendieron más allá del Test de Turing. Durante la Segunda Guerra Mundial, Turing desempeñó un papel fundamental al descifrar el código Enigma alemán, contribuyendo considerablemente a la victoria aliada. Sus trabajos sobre los fundamentos teóricos de la computación, conocidos como el dispositivo de Turing, sentaron las bases de los sistemas informáticos y la teoría computacional actuales.

Trágicamente, la vida de Turing se vio truncada a los 41 años. En 1952, fue procesado por su homosexualidad, que posteriormente se criminalizó en el Reino Unido. Como consecuencia, Turing sufrió la castración química como alternativa a la prisión. Murió trágicamente años después, en 1954.

En reconocimiento a sus contribuciones pioneras, Turing es considerado uno de los padres de la computación de vanguardia y la inteligencia artificial. Su legado sigue inspirando a investigadores y profesionales en su búsqueda de la estadística y el desarrollo de la IA. El Test de Turing, si bien ya no constituye un grado definitivo de IA, sigue siendo un hito histórico importante y un concepto que genera temor en la exploración continua de la inteligencia artificial y su relación con la inteligencia humana. La influencia de Turing en los campos de la IA y la computación es inconmensurable, y su obra continúa moldeando la trayectoria de la tecnología y la ciencia humana hasta nuestros días.

2.1.2 Conceptos fundamentales de la inteligencia artificial

La Inteligencia Artificial (IA) es un área multidisciplinaria cuyo objetivo es crear máquinas inteligentes capaces de realizar tareas que normalmente requieren inteligencia humana. El desarrollo de la IA se basa principalmente en numerosos conceptos cruciales que sustentan su funcionamiento y aplicaciones.

El aprendizaje automático es un componente clave de la IA que permite a las máquinas analizar datos y optimizar su rendimiento a lo largo del tiempo sin necesidad de programación explícita. Mediante el uso de diversos algoritmos y técnicas estadísticas, las máquinas pueden percibir patrones, hacer predicciones y adaptar su comportamiento en función de la información que obtienen. El aprendizaje supervisado, no supervisado y por refuerzo son métodos comunes de aprendizaje automático utilizados para entrenar modelos de IA.

Inspiradas en la forma y el funcionamiento de la mente humana, las redes neuronales son un concepto crucial en la IA. Son capas interconectadas de neuronas sintéticas que procesan estadísticas y analizan datos. Las redes neuronales son el núcleo del aprendizaje profundo, un subconjunto de la lectura automática que ha tenido un éxito increíble en tareas como la popularidad de imágenes, el procesamiento del lenguaje natural y los videojuegos.

La PNL se especializa en permitir que las máquinas comprendan, interpreten y generen lenguaje humano. Incluye tareas como la pronunciación del habla, la traducción de idiomas, la evaluación de sentimientos y los chatbots. Las técnicas de PNL permiten a las máquinas interactuar con los humanos de una forma más natural e intuitiva, lo que impulsa una amplia gama de aplicaciones en el intercambio verbal y el procesamiento de datos.

La visión artificial es el campo de la IA que permite a las máquinas interpretar y comprender la información visual del entorno. Mediante el uso de estrategias de procesamiento de fotos y videos, las estructuras de IA pueden observar y reconocer dispositivos, rostros y escenas, lo que permite aplicaciones que abarcan reconocimiento facial, vehículos independientes e imágenes clínicas.

Un ejemplo de conocimiento implica codificar datos e información en un formato que los sistemas de IA puedan comprender y manipular. Esto permite a los modelos de IA generar y tomar decisiones basadas en la tecnología disponible. Se utilizan diversas técnicas de ejemplos de datos, como redes semánticas, ontologías y grafos de datos, para organizar y procesar datos eficazmente.

Los sistemas de IA utilizan algoritmos y heurísticas para planificar y tomar decisiones en entornos complejos. Al comparar movimientos viables y sus consecuencias, los modelos de IA pueden determinar la ruta de movimiento más sencilla para alcanzar un objetivo específico. Las habilidades de planificación y toma de decisiones son cruciales en numerosos programas de IA, como la robótica, los sistemas autónomos y los videojuegos estratégicos.

La robótica es un área interdisciplinaria que combina la IA, la ingeniería y la mecánica para diseñar y construir máquinas inteligentes, llamadas robots. Los robots impulsados por IA pueden interactuar con el entorno físico, comprender su entorno y realizar tareas de forma autónoma. Descubren aplicaciones en sectores como la producción, la atención médica, la exploración y las operaciones de búsqueda y rescate.

Estos principios fundamentales conforman la base de la inteligencia artificial, permitiendo que las máquinas simulen inteligencia y comportamiento similares a los humanos. Las mejoras continuas en los estudios y la tecnología de la IA siguen ampliando los límites de lo que los sistemas de IA pueden lograr, abriendo nuevas oportunidades y situaciones traumáticas en numerosos ámbitos. A medida que la IA evoluciona, estos principios centrales siguen siendo importantes para determinar el futuro de las máquinas inteligentes y su integración en nuestra vida diaria.

2.2 El desarrollo y los hitos de la inteligencia artificial

2.2.1 Programas y aplicaciones tempranas de inteligencia artificial

Los orígenes de la inteligencia sintética se remontan a los esfuerzos pioneros de científicos e investigadores informáticos que buscaron crear máquinas que pudieran imitar la inteligencia humana.

Desarrollada con la ayuda de Allen Newell y Herbert A. Simon en 1955, la Teoría Lógica fue una de las primeras aplicaciones de IA. Su objetivo era demostrar teoremas matemáticos mediante criterios de juicio deseable y búsqueda heurística. Estableció que las máquinas también pueden querer reflejar capacidades humanas para la resolución de problemas y sentó las bases para el futuro trabajo en el razonamiento automático y la demostración de teoremas.

También creado por Allen Newell y Herbert A. Simon, el GPS, introducido en 1957, fue una influyente aplicación de IA diseñada para resolver una amplia gama de problemas. Utilizaba un enfoque de resolución de problemas basado principalmente en el análisis de los resultados de la técnica y podía adaptar sus estrategias de resolución de problemas según la experiencia previa. El GPS representó un paso significativo hacia el desarrollo de sistemas de IA más flexibles y adaptativos.

Considerado a menudo el inicio de la IA como área, el taller de Dartmouth tuvo lugar durante el verano de 1956. Liderado por John McCarthy, Marvin Minsky, Nathaniel Rochester y Claude Shannon, el taller reunió a destacados investigadores para debatir sobre la posibilidad de crear "máquinas astutas" y acuñó el término "inteligencia artificial". Este evento marcó el inicio de los estudios organizados sobre IA y catalizó mejoras en la tecnología de IA.

Desarrollada por Joseph Weizenbaum en 1966, ELIZA se convirtió en una aplicación de procesamiento del lenguaje natural que simulaba la comunicación con un psicoterapeuta. ELIZA utilizaba la coincidencia de patrones y políticas de lenguaje claro para interactuar con los clientes en interacciones textuales. Aunque era especialmente importante, ELIZA probó cómo la IA también podría crear la ilusión de experiencia y empatía a través de interacciones lingüísticas.

Creado a finales de la década de 1960 en el Instituto de Investigación de Stanford, Shakey fue uno de los primeros robots móviles capaces de navegación y manipulación autónomas. Shakey utilizó una combinación de cámaras, sensores y algoritmos de IA para mapear su entorno y planificar sus movimientos. Se convirtió en un ejemplo pionero de aplicaciones de IA en robótica y sentó las bases para futuras tendencias en sistemas autónomos.

Desarrollada a principios de la década de 1970, MYCIN se convirtió en una herramienta experta diseñada para facilitar el análisis científico y las recomendaciones de tratamiento para infecciones bacterianas. Utilizaba un sistema basado en reglas y una base de datos clínicos para proporcionar recomendaciones personalizadas basadas en los síntomas y el historial clínico de la persona afectada. MYCIN demostró el potencial de la IA en áreas especializadas y destacó las ventajas de combinar el conocimiento humano con las habilidades de IA.

Estos primeros programas de IA marcaron importantes hitos en la historia de la región, demostrando la capacidad de las máquinas para simular inteligencia humana y habilidades para la resolución de problemas. Aunque estos paquetes puedan parecer simplistas en comparación con las estructuras de IA modernas, sentaron las bases para la evolución de la era de la IA y establecieron las bases para las mejoras transformadoras observadas en las aplicaciones actuales de IA. Las lecciones extraídas de estos primeros esfuerzos siguen impulsando la investigación y el desarrollo de la IA, moldeando la trayectoria del campo a medida que avanza hacia nuevas fronteras de la inteligencia artificial.

2.2.2 El auge y el impacto del aprendizaje profundo

El aprendizaje profundo se ha convertido en uno de los avances más revolucionarios e influyentes en el campo de la inteligencia artificial (IA). Ha transformado notablemente diversas industrias y programas, ampliando los límites de los beneficios de la IA.

El aprendizaje profundo es un subconjunto del aprendizaje automático que se especializa en el entrenamiento de redes neuronales artificiales con múltiples capas, también conocidas como redes neuronales profundas. Estas redes pueden aprender automáticamente a construir y extraer patrones y competencias jerárquicas a partir de datos complejos, lo que las hace especialmente eficaces en tareas relacionadas con la popularidad de imágenes, el procesamiento del lenguaje natural y otras áreas.

El concepto de redes neuronales profundas se remonta a la década de 1940, con el desarrollo de las neuronas sintéticas primarias y los perceptrones. Sin embargo, no fue hasta las décadas de 1980 y 1990 que los investigadores comenzaron a experimentar con arquitecturas más profundas, gestionando condiciones de gran perturbación para entrenar eficazmente dichas redes.

El desarrollo del conjunto de directrices de retropropagación en la década de 1980 se convirtió en un hito importante para el aprendizaje profundo. La retropropagación facilitó el entrenamiento ecológico de redes neuronales profundas mediante el cálculo de gradientes y la actualización de los parámetros de la red a lo largo del sistema de aprendizaje. Este avance permitió a los investigadores construir redes más profundas y mejoró significativamente su rendimiento general.

Las redes neuronales convolucionales, introducidas en la década de 1990 y popularizadas a principios de la década de 2010, revolucionaron las tareas de visión artificial. Las CNN aprovechan las capas convolucionales para analizar automáticamente las representaciones jerárquicas de los datos de imágenes, lo que permite el reconocimiento preciso de imágenes, la detección de objetos y la tecnología de imágenes.

A mediados de la década de 2010, el aprendizaje profundo comenzó a realizar importantes contribuciones a las tareas de PLN. Las redes neuronales recurrentes (RNN) y las redes de memoria a largo plazo (LSTM) permitieron el desarrollo de modelos lingüísticos capaces de procesar datos secuenciales, lo que condujo a avances en la traducción automática, el análisis de sentimientos y los chatbots.

El aprendizaje profundo también ha logrado avances significativos en el aprendizaje por refuerzo, una rama de la IA centrada en capacitar a los proveedores para analizar sus interacciones con el entorno. Los algoritmos de aprendizaje por refuerzo profundo, junto con las redes Q profundas (DQN) y la optimización de políticas proximales (PPO), han obtenido resultados notables en tareas complejas, como el desarrollo de juegos de azar, la robótica y los sistemas autónomos.

El auge del aprendizaje profundo ha tenido un profundo impacto en numerosas industrias y aplicaciones. En el ámbito sanitario, el aprendizaje profundo facilita la evaluación por imágenes médicas, el diagnóstico de enfermedades y el descubrimiento de fármacos. En el ámbito financiero, contribuye a la detección del fraude y a la compraventa algorítmica. En el sector automotriz, el aprendizaje profundo permite un mayor conocimiento y capacidad de toma de decisiones. El aprendizaje profundo también ha revolucionado la industria del entretenimiento, con contenido generado por IA y sistemas de asesoramiento que configuran los informes de personalidad.

El éxito del aprendizaje profundo puede atribuirse en parte a las mejoras en el hardware, especialmente en las unidades de procesamiento gráfico (GPU) y los chips de IA especializados. Estas tecnologías aceleran drásticamente el aprendizaje y la inferencia de redes neuronales profundas, lo que hace posible el desarrollo de modelos de aprendizaje profundo a gran escala.

El auge del aprendizaje profundo ha transformado radicalmente los estudios y programas de IA. Su éxito en tareas complejas y su potencial para aprovechar grandes cantidades de datos han impulsado mejoras en diversos ámbitos. A medida que el aprendizaje profundo continúa fortaleciéndose, promete abrir nuevas fronteras en IA y contribuir a resolver algunos de los desafíos más urgentes que enfrenta la sociedad. Como fuerza impulsora de la revolución de la IA, el aprendizaje profundo continúa moldeando el futuro de la humanidad, impactando las industrias y nuestra vida cotidiana de forma brillante.

2.3 Tecnologías y aplicaciones actuales de la inteligencia artificial

2.3.1 Automóviles autónomos y sistemas autónomos

Los automóviles autónomos y los sistemas autónomos constituyen una herramienta transformadora de la inteligencia artificial y la robótica. Estos sistemas buscan revolucionar el transporte al permitir que motores y máquinas funcionen sin intervención humana.

El concepto de vehículos autónomos data de hace muchas décadas, pero en los últimos años se han logrado avances considerables. Los avances en tecnología de sensores, aprendizaje automático y visión artificial han sido fundamentales para el desarrollo de vehículos autónomos capaces de desenvolverse en entornos del mundo real.

Los vehículos autónomos y los sistemas autónomos únicos dependen de un conjunto de sensores, algoritmos de IA y sistemas de control. El lidar, el radar, las cámaras y los sensores ultrasónicos proporcionan información en tiempo real sobre el entorno del vehículo, mientras que los algoritmos de IA procesan esta información para tomar decisiones de uso. Los sistemas de control traducen estas decisiones en acciones específicas, lo que permite que el vehículo navegue correctamente.

La Sociedad de Ingenieros Automotrices (SAE) ha definido seis etapas de automatización, desde el Nivel 0 (sin automatización) hasta el Nivel 5 (automatización completa). Los sistemas de Nivel 2 y Nivel 3 proporcionan asistencia limitada a la fuerza motriz, mientras que los Niveles 4 y 5 constituyen automatización alta y completa, respectivamente, con mínima o nula intervención humana.

La seguridad es un desafío fundamental en el desarrollo de vehículos autónomos. Los sistemas autónomos deben cumplir rigurosos requisitos de seguridad y someterse a una exhaustiva evaluación antes de su despliegue en la vía pública. Los gobiernos y los organismos reguladores desempeñan un papel fundamental en la definición del marco legal para los vehículos autónomos y en la garantía de la seguridad pública.

El uso autónomo de vehículos motorizados tiene el potencial de mejorar la seguridad vial al reducir el error humano, una de las principales causas de lesiones. También pueden optimizar el tráfico, reducir la congestión y ofrecer soluciones de movilidad a personas mayores o con discapacidad que tengan acceso limitado al transporte.

A pesar del enorme progreso, los vehículos autónomos se enfrentan a numerosas situaciones y obstáculos traumáticos. Adaptarse al comportamiento humano impredecible, a las condiciones climáticas adversas y a los complejos entornos urbanos sigue siendo una tarea formidable. Las preocupaciones éticas, junto con el problema del tranvía (una situación de captura ética en la que el vehículo debe tomar decisiones que pueden perjudicar a sus pasajeros o peatones), también presentan situaciones moralmente exigentes.

La confianza pública y la popularidad de los vehículos autónomos son fundamentales para su amplia adopción. Para fomentar su aceptación pública, es necesario comunicar claramente las ventajas y los obstáculos de los sistemas autónomos, además de abordar las preocupaciones relacionadas con la seguridad, la privacidad y la capacidad de transferir tareas.

El concepto de autonomía se extiende más allá de los coches autónomos y abarca ámbitos extraordinarios. Los drones autónomos se utilizan en numerosos sectores, como la agricultura, la vigilancia y los servicios de transporte. Además, se emplean robots autónomos en la fabricación, los almacenes y la atención sanitaria, optimizando las operaciones y potenciando las habilidades humanas.

La enorme adopción de motores autónomos y estructuras autónomas podría transformar las ciudades y la infraestructura de transporte. Podría resultar en una disminución de la posesión de vehículos, cambios en la planificación urbana y nuevos modelos de negocio en el sector del transporte.

Los vehículos autónomos y las estructuras independientes constituyen una herramienta transformadora de la IA y la robótica. Si bien se han logrado avances generalizados, la aventura hacia vehículos y sistemas verdaderamente autosuficientes continúa. Abordar las dificultades técnicas, regulatorias y éticas es crucial para liberar todo el potencial de la tecnología autónoma, marcando el comienzo de una nueva era de transporte y automatización capaz de mejorar la seguridad, la eficiencia y la accesibilidad.

2.3.2 Procesamiento del lenguaje natural y reconocimiento de voz

El procesamiento del lenguaje natural (PLN) y el reconocimiento de voz son ramas interconectadas de la inteligencia artificial (IA) que se centran en permitir que las máquinas reconozcan, interpreten e interactúen con el lenguaje humano de una manera natural y significativa.

La PNL es una disciplina de la IA que busca acortar la distancia entre el lenguaje humano y la comprensión de los dispositivos. Su objetivo principal es permitir que las máquinas reconozcan, procesen y generen lenguaje humano, ya sea escrito o hablado. La era de la PNL cuenta con una amplia gama de aplicaciones y características que se han convertido en una parte vital de nuestra vida diaria.

Tokenización: La tokenización consiste en descomponer un texto en fragmentos más pequeños, junto con palabras o términos, para analizar y procesar el lenguaje correctamente.

Los sistemas de PNL asignan etiquetas gramaticales a los términos, identificando sus roles como sustantivos, verbos, adjetivos y muchos otros, para reconocer la estructura de las oraciones.

NER identifica y categoriza entidades como nombres de seres humanos, empresas, lugares y fechas en un texto.

Los algoritmos de PNL pueden analizar y determinar el sentimiento o la emoción expresados en un fragmento de texto, ya sea efectivo, malo o neutral.

La PNL se utiliza para crear sistemas de traducción de idiomas como Google Translate, facilitando la comunicación entre superidiomas.

La PNL permite el desarrollo de emprendedores de IA conversacional que interactúan con los clientes a través de interfaces de lenguaje natural.

Los motores de búsqueda utilizan PNL para comprender las consultas de los usuarios y recuperar información aplicable de grandes bases de datos.

Los algoritmos de PNL pueden generar de forma robótica resúmenes concisos de textos extensos.

El reconocimiento de voz, también conocido como Reconocimiento Automático del Habla (ASR), es un subconjunto del PLN que se centra en la conversión del lenguaje hablado en texto escrito. Esta tecnología permite a las máquinas reconocer y transcribir correctamente el habla humana.

Los modelos acústicos estudian las señales de audio para identificar fonemas y asignarlos a palabras y frases.

Los modelos lingüísticos utilizan distribuciones de probabilidad para esperar el conjunto de términos más probable en función del contexto.

La combinación de modelos acústicos y lingüísticos permite que los sistemas de reconocimiento de voz conviertan los términos hablados en texto escrito.

Los asistentes virtuales como Siri, Alexa y Google Assistant emplean la reputación de voz para dar instrucciones de voz y brindar respuestas.

La transcripción del habla se utiliza en numerosos sectores, incluidos los clínicos y penitenciarios, para transcribir grabaciones de audio en texto escrito.

La tecnología de reconocimiento de voz está incluida en el software de productividad, lo que permite a los usuarios dictar texto y administrar paquetes mediante comandos de voz.

La reputación del habla mejora la accesibilidad para las personas con discapacidad, permitiéndoles interactuar con la generación a través del habla.

La PNL y el reconocimiento de voz han mejorado notablemente con la llegada del aprendizaje profundo y los modelos basados en redes neuronales. A medida que estas tecnologías siguen evolucionando, prometen facilitar la comunicación fluida entre humanos y dispositivos, transformar las industrias y mejorar los informes de los clientes en diversas aplicaciones.

2.3.3 Servicios de salud asistidos por inteligencia artificial

La Inteligencia Artificial (IA) se ha convertido en una fuerza transformadora en el ámbito de la salud, revolucionando la forma en que se integran los servicios clínicos y mejorando los resultados de los pacientes. Los servicios de salud asistidos por IA aprovechan la potencia de algoritmos avanzados, la lectura de dispositivos y el análisis de registros para optimizar la toma de decisiones clínicas, el diagnóstico, el tratamiento y la atención al paciente.

Las imágenes científicas impulsadas por IA desempeñan una función esencial en la detección y el diagnóstico temprano de enfermedades. Los algoritmos de aprendizaje automático analizan imágenes científicas, como radiografías, resonancias magnéticas y tomografías computarizadas, con una precisión excepcional. Los sistemas de IA pueden detectar anomalías, tumores y otras anomalías, lo que ayuda a los médicos a tomar decisiones más informadas y mejora la precisión del diagnóstico.

La IA facilita la creación de planes de tratamiento personalizados para cada paciente, basándose exclusivamente en su historial médico, composición genética y respuesta a los tratamientos. Al analizar un gran volumen de historiales de pacientes, las estructuras de IA pueden predecir los resultados del tratamiento y recomendar las técnicas de recuperación más adecuadas a las necesidades de cada paciente. Esta técnica garantiza tratamientos más específicos y ecológicos, lo que se traduce en mejores resultados para el paciente.

La IA está acelerando el proceso de descubrimiento de fármacos mediante la lectura de grandes conjuntos de datos moleculares y la predicción de candidatos a fármacos con potencial. Los algoritmos de IA identifican moléculas con propiedades específicas que pueden ser eficaces en el tratamiento de diversas enfermedades. De esta forma, se acelera el desarrollo de fármacos, se reducen los costos y se aumenta el riesgo de encontrar tratamientos nuevos y avanzados.

Los asistentes digitales de fitness y los chatbots basados en IA ofrecen a los pacientes orientación y apoyo personalizado en materia de salud. Estos asistentes virtuales pueden responder preguntas médicas, ofrecer recordatorios de medicamentos y ofrecer pautas de estilo de vida. Mejoran la participación del paciente y permiten acceder a información sanitaria en cualquier momento y lugar.

El análisis predictivo basado en IA analiza las estadísticas de los pacientes para identificar a quienes presentan un alto riesgo de desarrollar enfermedades. Esta identificación temprana permite intervenciones proactivas, lo que permite a los profesionales sanitarios prevenir el desarrollo de enfermedades y reducir las hospitalizaciones.

Las soluciones de monitorización remota de pacientes, impulsadas por IA, permiten el seguimiento continuo del estado de salud de los pacientes fuera de los centros de salud tradicionales. Los dispositivos portátiles y sensores recopilan información del paciente, que se analiza en tiempo real. Los profesionales sanitarios pueden intervenir directamente si se detecta alguna anomalía, lo que mejora la seguridad del paciente y permite una atención más ecológica.

La IA optimiza las operaciones sanitarias al agilizar las tareas administrativas, gestionar las citas de los pacientes y automatizar los procesos recurrentes. Esta mayor eficiencia permite a los profesionales sanitarios centrarse más en la atención al paciente y reduce la carga administrativa.

Si bien la IA posee un potencial asombroso en la atención médica, también plantea inquietudes éticas y problemas de privacidad de la información. Proteger los datos personales afectados y garantizar que las estructuras de IA cumplan con las recomendaciones éticas es fundamental para mantener la memoria y garantizar el uso responsable de la IA en la atención médica.

Los servicios de salud asistidos por IA están transformando el panorama médico al mejorar la precisión de los análisis, personalizar los tratamientos, acelerar el desarrollo de medicamentos y optimizar la atención al paciente. A medida que la IA continúa creciendo, desempeñará un papel cada vez más importante en el futuro de la atención médica, haciéndola más ecológica, accesible y centrada en el paciente. Sin embargo, la implementación responsable, la privacidad de los datos y las consideraciones éticas siguen siendo cruciales para garantizar que la tecnología de IA realmente impacte en el sector sanitario y contribuya a mejores resultados en la salud de personas y comunidades de todo el mundo.

CAPÍTULO 3

Colaboración hombre-máquina

3.1 El papel de la inteligencia artificial en la colaboración con los humanos

3.1.1 Combinando capacidades de inteligencia humana y artificial

La integración de la inteligencia humana y la inteligencia artificial (IA) es una frontera en rápida evolución que ofrece un gran potencial en numerosos campos e industrias. Combinar las fortalezas específicas de humanos y máquinas puede generar sinergias poderosas, potenciando las habilidades y abordando situaciones complejas y exigentes.

La razón de combinar las habilidades humanas y de la IA no siempre es reemplazar la inteligencia humana, sino potenciarla. La IA puede procesar y analizar grandes cantidades de información a velocidades asombrosas, presentando información valiosa y apoyando a los seres humanos en la toma de decisiones. Sin embargo, los humanos poseen creatividad, inteligencia emocional e intuición, cualidades que podrían ser difíciles de replicar para las máquinas. La sinergia entre las habilidades humanas y de la IA permite un enfoque más holístico para la resolución de problemas y la toma de decisiones.

La IA destaca en el procesamiento de datos, la reputación de muestras y las predicciones basadas en estadísticas. Al aprovechar los algoritmos de IA, los humanos pueden abordar y examinar unidades estadísticas complejas con mayor rendimiento y precisión. Esto resulta especialmente útil en campos como la salud, las finanzas y la investigación médica, donde es necesario analizar grandes volúmenes de registros para obtener información completa.

Al combinar las capacidades humanas y de IA, es fundamental adoptar un método de diseño orientado al ser humano. Las estructuras de IA deben ser intuitivas, claras e interpretables para fomentar la confianza y el atractivo entre los usuarios. Además, comprender las preferencias, necesidades y limitaciones humanas es crucial para diseñar estructuras de IA que complementen eficazmente la inteligencia humana.

Si bien la IA puede destacar en tareas específicas y bien definidas, la creatividad humana sigue siendo inigualable. Al utilizar herramientas de IA, los seres humanos pueden aprovechar la energía de las perspectivas basadas en la información para inspirar la resolución creativa de problemas. Las ideas y la inteligencia generadas por la IA pueden servir de trampolín para la creatividad humana, esencial para las soluciones y los avances innovadores.

La integración de las capacidades humanas y de la IA también plantea problemas morales al frente. Es crucial garantizar que los sistemas de IA se ajusten a los valores humanos, respeten el derecho a la privacidad y eviten sesgos. Deben existir recomendaciones y regulaciones éticas para controlar el uso responsable de la IA en combinación con la inteligencia humana.

El objetivo de integrar las capacidades humanas y de IA reside en establecer una colaboración fluida entre personas y dispositivos. Esto implica desarrollar interfaces intuitivas, procesamiento del lenguaje natural y estructuras de IA adaptativas que puedan comprender y responder eficazmente a las intenciones humanas. La colaboración entre personas y dispositivos puede ser crucial en campos como la robótica, las estructuras autosuficientes y las aplicaciones de realidad virtual.

Al aprovechar las herramientas de IA, las personas pueden mejorar sus competencias y recopilar nuevos registros con mayor eficacia. Las estructuras de aprendizaje impulsadas por IA pueden personalizar el contenido académico, adaptarse a los estilos de aprendizaje de cada persona y ofrecer comentarios personalizados, revolucionando la educación y el aprendizaje permanente.

La integración de las capacidades humanas y de IA transformará radicalmente el panorama laboral. A medida que la IA asume tareas repetitivas y rutinarias, los humanos pueden concentrarse en tareas de mayor nivel que requieren creatividad, inteligencia emocional y pensamiento crítico. Este cambio requerirá un aprendizaje continuo y una actualización de habilidades para adaptarse a las cambiantes necesidades del mercado tecnológico.

La combinación de los talentos humanos y de la inteligencia artificial abre oportunidades emocionantes para la innovación y el progreso. Adoptar un enfoque colaborativo, en el que humanos y máquinas complementen las fortalezas de cada uno, puede conducir a avances transformadores en diversos ámbitos. Sin embargo, garantizar la integración responsable de la IA, respetar los estándares éticos y priorizar el diseño orientado al ser humano son vitales para aprovechar al máximo el potencial de esta sinergia entre la inteligencia humana y la IA. A medida que avanzamos, la adopción de la capacidad de colaboración entre humanos e IA puede generar una generación de posibilidades innovadora e impulsar un cambio excepcional en la sociedad.

3.1.2 La importancia de los entornos de trabajo orientados a la colaboración

La colaboración es un elemento vital en los lugares de trabajo de vanguardia que impulsa la productividad, la innovación y el éxito familiar. Crear un entorno de trabajo que fomente la colaboración entre los empleados se ha convertido en una prioridad estratégica para las organizaciones. Aquí, descubrimos la importancia de promover la colaboración en el lugar de trabajo y el gran impacto que puede tener en las personas y las empresas.

Cuando los empleados colaboran, combinan sus diversos talentos, conocimientos y perspectivas para abordar situaciones complejas y desafiantes. Este esfuerzo colectivo resulta en una mayor resolución de problemas y una formulación de ideas bien informada.

La colaboración fomenta un estilo de vida de innovación y creatividad. Cuando las personas trabajan juntas, se inspiran mutuamente, generando nuevas ideas y enfoques para los problemas. Esta cultura de creatividad fomenta la mejora continua y mantiene a los equipos a la vanguardia de sus industrias.

La colaboración fortalece el compromiso de los empleados al fomentar el sentido de pertenencia y responsabilidad. Cuando los empleados colaboran, se sienten valorados por sus contribuciones, lo que se traduce en una mayor satisfacción con el proceso y compromiso con los objetivos de la empresa.

Un entorno de trabajo artístico colaborativo fomenta el estudio continuo y el desarrollo profesional. Los empleados tienen la oportunidad de aprender de sus compañeros, compartir información y adquirir nuevas habilidades, lo que contribuye a su desarrollo personal y al conocimiento de la empresa.

La colaboración eficaz mejora la comunicación y las habilidades interpersonales entre los empleados. Al trabajar juntos, fomentan el trabajo en equipo y la cooperación, lo que se traduce en mejores interacciones y una reducción de conflictos.

La colaboración permite a las empresas adaptarse y prosperar en un panorama empresarial en constante cambio. Fomenta la flexibilidad y la resiliencia, permitiéndoles responder con rapidez a situaciones difíciles y aprovechar las oportunidades emergentes.

Fomentar la confianza y la camaradería es un resultado natural de la colaboración. La confianza es la base de un trabajo en equipo exitoso, permitiendo a los empleados confiar en la experiencia y el apoyo de los demás. Un entorno colaborativo también crea un entorno laboral de calidad, forjando relaciones sólidas entre los miembros del equipo.

La colaboración acerca a las personas a los objetivos comunes. Garantiza que todos los empleados comprendan los objetivos de la empresa y cómo sus contribuciones contribuyen al éxito. Esta visión compartida infunde un sentido de responsabilidad y responsabilidad colectiva para alcanzar los hitos organizacionales.

Un entorno de trabajo orientado a la colaboración es fundamental para el éxito de una organización. La colaboración facilita la resolución de problemas, fomenta la innovación e impulsa el compromiso de los empleados. Crear un estilo de vida colaborativo da como resultado un lugar de trabajo excelente y agradable donde las personas pueden prosperar, aportando su talento excepcional para alcanzar objetivos compartidos.

3.2 El uso de la inteligencia artificial y sus efectos en el lugar de trabajo

3.2.1 El impacto de la inteligencia artificial en la productividad y el flujo de trabajo

La inteligencia artificial (IA) se ha convertido en una fuerza transformadora en el ámbito de la productividad y la optimización del flujo de trabajo. A medida que las empresas buscan estrategias para ser competitivas y optimizar su rendimiento, la tecnología de IA se ha consolidado como una herramienta valiosa.

Una de las contribuciones más significativas de la IA a la productividad es la automatización. Los algoritmos de IA pueden gestionar tareas repetitivas y que consumen mucho tiempo, liberando valiosos recursos humanos para que se concentren en actividades más complejas y estratégicas. Ya sea el acceso a la información, las consultas de servicio al cliente o la evaluación rutinaria, la automatización con IA agiliza las estrategias, reduciendo el esfuerzo manual y los errores humanos.

El análisis de datos impulsado por IA permite a los equipos extraer información valiosa de amplios conjuntos de datos. Los algoritmos avanzados de aprendizaje automático pueden comprender patrones, tendencias y correlaciones dentro de datos que las personas podrían pasar por alto. Esta información proporciona información valiosa para la toma de decisiones y el desarrollo de estrategias, lo que permite a los equipos tomar decisiones basadas en estadísticas.

Al integrar la era de la IA en los flujos de trabajo, los equipos pueden optimizar sus procesos y obtener un mayor rendimiento. La IA puede identificar cuellos de botella, optimizar la asignación de tareas o incluso anticipar futuras necesidades de recursos beneficiosos, garantizando así una organización fluida y fluida de los flujos de trabajo.

El potencial de la IA para sistematizar y analizar grandes cantidades de información permite una mayor personalización para los clientes. Mediante consejos personalizados y evaluaciones a medida, los equipos pueden mejorar la satisfacción y la fidelización de los clientes, lo que en última instancia se traduce en una mayor productividad y mayores ingresos.

Un dispositivo con IA puede procesar estadísticas en tiempo real, lo que permite una toma de decisiones rápida. Con acceso a estadísticas actualizadas y análisis predictivo, los equipos pueden reaccionar de forma inesperada a las condiciones cambiantes del mercado y tomar decisiones ágiles, lo que les permite obtener una ventaja competitiva.

Las herramientas de procesamiento del lenguaje natural (PLN) impulsadas por IA facilitan la comunicación y la colaboración dentro de las organizaciones. Los chatbots y asistentes virtuales con PNL optimizan la comunicación interna, proporcionando acceso rápido a información y respuestas a consultas, mejorando así la productividad.

Las capacidades predictivas de la IA van más allá del análisis de datos. En entornos empresariales, la IA puede anticipar fallos en las herramientas y objetivos de renovación, lo que permite a las empresas realizar mantenimiento preventivo, reducir el tiempo de inactividad y optimizar la asignación de recursos.

Las soluciones de atención al cliente basadas en IA mejoran la capacidad de respuesta y la eficiencia. Los chatbots y los asistentes virtuales pueden responder a las consultas de los clientes con prontitud, ofreciendo soporte 24/7. Esto no solo mejora la satisfacción del cliente, sino que también permite a los vendedores identificar problemas más complejos, lo que aumenta la productividad.

Las estructuras de IA pueden analizar registros históricos e interacciones con los clientes, mejorando constantemente su rendimiento. Esta adaptabilidad garantiza que la tecnología de IA sea cada vez más eficaz, lo que contribuye a mejoras continuas en la productividad y la optimización del flujo de trabajo.

El efecto de la IA en la productividad y la optimización del flujo de trabajo es excepcional y multifacético. Mediante la automatización, la evaluación de registros y una mayor personalización, la IA permite a las agencias optimizar las operaciones y tomar decisiones basadas en datos. La integración de tecnologías de IA en los flujos de trabajo facilita la toma de decisiones en tiempo real y una atención al cliente eficiente, además de impulsar el aprendizaje y la mejora continua. Adoptar la IA como herramienta para mejorar la productividad es crucial para las organizaciones que buscan mantenerse competitivas e impulsar la innovación en el nuevo y dinámico panorama empresarial.

3.2.2 Implicaciones en la fuerza laboral y el empleo

La adopción masiva de la era de la inteligencia artificial (IA) tiene enormes implicaciones para el personal y el panorama laboral. Si bien la IA ofrece oportunidades para mejorar la productividad y el rendimiento, también plantea problemas relacionados con la sustitución de procesos y la naturaleza transformadora del trabajo.

El auge de la automatización impulsada por IA también puede provocar la sustitución de ciertos empleos vulnerables a la automatización. Los roles que implican obligaciones repetitivas y procesamiento rutinario de datos corren un mayor riesgo de ser modificados por sistemas de IA. Sin embargo, es fundamental comprender que la IA también puede impulsar la transformación de los roles de ocio, en los que las personas colaboran con la tecnología de IA para mejorar la productividad y la toma de decisiones.

A medida que la era de la IA continúa adaptándose, surge la demanda de nuevas habilidades innovadoras dentro del personal. La capacitación y el reciclaje profesional se vuelven cruciales para que el personal se adapte a las cambiantes necesidades de las tareas y se mantenga relevante en el mercado laboral. Los empleados deberán adquirir habilidades relacionadas con el desarrollo de IA, el análisis de datos y la colaboración entre personas y sistemas para aprovechar las nuevas oportunidades.

En lugar de transformar por completo a los humanos, es mucho más probable que la IA mejore sus capacidades y cree un equipo colaborativo de trabajadores humanos e IA. La tecnología de IA puede gestionar responsabilidades repetitivas y la evaluación de registros, mientras que los empleados humanos se centran en tareas que requieren creatividad, inteligencia emocional y resolución de problemas complejos. La colaboración entre humanos e IA da como resultado métodos artísticos más ecológicos y eficaces.

La adopción a gran escala de la IA plantea inquietudes éticas y sociales. Es crucial garantizar que las estructuras de IA se caractericen de forma ética, transparente y sin reforzar sesgos. Además, los responsables políticos deben abordar cuestiones relacionadas con la privacidad de los datos, el desplazamiento de proyectos y el impacto de la IA en la sociedad. El desarrollo y la implementación responsables de la

IA son vitales para formar un equipo de profesionales exitoso en el futuro.

Si bien la IA puede actualizar ciertos empleos, también crea nuevas oportunidades de trabajo en industrias asociadas con el desarrollo, la implementación y la protección de la IA. Los sectores emergentes que dependen de la IA, junto con los vehículos autosuficientes y la atención médica impulsada por IA, ofrecen emocionantes oportunidades profesionales para empleados con competencias relevantes.

La IA no puede reflejar tendencias humanas como la empatía, la creatividad y las habilidades interpersonales. A medida que la IA se encarga de tareas más rutinarias, la selección de empleados con capacidades cognitivas y emocionales de alto nivel aumentará. Las sólidas competencias interpersonales, la adaptabilidad y la capacidad para resolver problemas se convierten en activos valiosos dentro de los equipos de trabajo potenciados por la IA.

El impacto de la IA en la fuerza laboral varía según el sector empresarial. Algunas industrias se benefician de las capacidades de análisis estadístico y automatización de la IA, principalmente para mejorar la eficiencia. Por el contrario, las industrias que dependen en gran medida de las actividades manuales también pueden experimentar grandes desafíos de desplazamiento de métodos.

Los gobiernos y los responsables políticos desempeñan un papel fundamental en la preparación de los trabajadores para el sistema económico impulsado por la IA. Implementar regulaciones que impulsen proyectos de capacitación y reciclaje profesional, promover el uso ético de la IA y brindar apoyo a las personas desplazadas son pasos importantes para abordar las implicaciones de la IA en la fuerza laboral.

El impacto de la IA en el colectivo laboral y el empleo es complejo y multifacético. Si bien el desplazamiento laboral es un escenario, la IA también crea nuevas oportunidades y demandas de habilidades especializadas. Adoptar un cuerpo de trabajadores colaborativo entre humanos e IA, priorizar la capacitación y abordar consideraciones éticas es fundamental para maximizar los beneficios de la IA y mitigar las situaciones que requieren mayor capacidad en el futuro del trabajo.

3.3 Áreas en las que la inteligencia artificial puede ayudar en la vida diaria

3.3.1 Asistentes personales y dispositivos inteligentes

Los asistentes personales y los dispositivos inteligentes se han convertido en una parte importante del estilo de vida actual, revolucionando la forma en que interactuamos con la gente y realizamos nuestras tareas diarias. Esta tecnología impulsada por la IA ofrece comodidad, rendimiento y análisis personalizados, lo que los hace cada vez más populares entre los usuarios.

Los asistentes personales, como Siri, el Asistente de Google y Alexa de Amazon, están diseñados para hacer nuestras vidas más accesibles y ecológicas. Mediante comandos de voz, los usuarios pueden realizar diversas tareas, como configurar recordatorios, enviar mensajes, hacer llamadas y controlar dispositivos inteligentes del hogar, con un mínimo esfuerzo.

Una de las principales ventajas de los asistentes personales es su funcionamiento sin necesidad de usar las manos. Los usuarios pueden interactuar con estos asistentes con IA mediante comandos de voz, eliminando así la necesidad de interactuar físicamente con los dispositivos. Esta función es especialmente útil cuando los usuarios tienen las manos ocupadas o tienen dificultades de movilidad.

Los asistentes personales desempeñan un papel fundamental en el desarrollo de hogares inteligentes. Al conectarse con diversos dispositivos inteligentes, como iluminación inteligente, termostatos y cámaras de seguridad, los asistentes personales permiten a los usuarios gestionar su entorno doméstico sin problemas. Esta integración complementa la domótica y el rendimiento energético.

Los asistentes personales con IA aprovechan el aprendizaje automático de algoritmos para comprender las preferencias y el comportamiento de los clientes. Con el tiempo, ofrecen respuestas y consejos personalizados, adaptando sus interacciones a las necesidades y preferencias específicas de cada persona.

Los asistentes personales cuentan con una enorme reserva de registros, que proporciona respuestas inmediatas a las preguntas de los clientes. Al tener acceso a bases de datos y motores de búsqueda en línea, pueden proporcionar estadísticas en tiempo real sobre diversos temas, desde pronósticos meteorológicos hasta datos históricos.

Los dispositivos inteligentes, como los relojes inteligentes y los teléfonos inteligentes, incorporan funciones de asistente personal que mejoran la productividad. Los usuarios pueden programar citas, configurar alarmas, gestionar calendarios y acceder a información importante en cualquier momento.

Los asistentes personales permiten la configuración de voz, lo que permite a los clientes realizar compras mediante instrucciones de voz. Esta característica es cada vez más popular entre los clientes y ofrece una experiencia de compra continua y eficiente.

Los dispositivos inteligentes y los asistentes personales contribuyen a una mayor accesibilidad e inclusión para los clientes con discapacidad. Las interacciones basadas en voz ofrecen una nueva forma de comunicación e interacción, haciendo que la tecnología sea más accesible para un número mucho mayor de clientes.

Los asistentes personales pueden ofrecer entretenimiento mediante el uso de pistas de juegos de azar, la lectura de audiolibros y la presentación de guiones para películas y programas de televisión. Los usuarios también pueden usar comandos de voz para controlar sus dispositivos multimedia y acceder a su contenido favorito.

Los asistentes personales con IA mejoran constantemente gracias a las interacciones y los comentarios de los clientes. A medida que recopilan más estadísticas y conocimientos, se vuelven más eficientes a la hora de registrar las necesidades de los clientes y ofrecer respuestas más precisas y beneficiosas.

Los asistentes personales y los dispositivos inteligentes han transformado la forma en que interactuamos con la tecnología y realizamos nuestras tareas cotidianas. Su comodidad, eficiencia e informes personalizados los han convertido en una parte crucial de nuestras vidas. A medida que la IA continúa avanzando, podemos esperar asistentes personales y dispositivos inteligentes aún más avanzados y flexibles que satisfagan nuestros deseos y preferencias en constante evolución.

3.3.2 Entretenimiento e interacción con inteligencia artificial

La Inteligencia Artificial (IA) ha revolucionado las empresas de entretenimiento, ofreciendo nuevos estudios inmersivos a sus clientes. Desde la narración interactiva hasta personajes virtuales impulsados por IA, la integración de la IA en el entretenimiento ha transformado nuestra forma de interactuar con el contenido.

Los algoritmos de IA analizan las preferencias de los usuarios, su comportamiento de visualización y sus interacciones para ofrecer sugerencias de contenido personalizadas. Plataformas de streaming como Netflix y YouTube utilizan la IA para representar películas, series y películas adaptadas a los gustos de los usuarios, garantizando una experiencia de entretenimiento atractiva y divertida.

La IA desempeña un papel fundamental en la narrativa y los videojuegos interactivos. Las narrativas impulsadas por IA se adaptan a las opciones y acciones del usuario, presentando historias personalizadas e informes de juego. Este nivel de interactividad aumenta la participación del usuario y aumenta la tasa de repetición de los videojuegos y las historias interactivas.

La tecnología de IA puede generar contenido de forma autónoma. Por ejemplo, la IA puede componer música, crear arte o incluso escribir historias y guiones. Esto abre nuevas oportunidades para el desarrollo de materiales de contenido y la expresión creativa, difuminando las fronteras entre la creatividad humana y las obras generadas por IA.

El entretenimiento ahora incluye personajes digitales impulsados por IA que pueden interactuar con los clientes de diversas maneras. Los asistentes virtuales, como los chatbots y los influencers digitales, pueden participar en conversaciones, resolver preguntas y entretener a los clientes a través de redes sociales y aplicaciones.

La IA puede analizar las emociones y sentimientos humanos a partir de diversas fuentes, como publicaciones en redes sociales e interacciones personales. Este análisis de sentimientos permite a los creadores de contenido y emprendedores comprender las reacciones del público objetivo a su arte, lo que les permite adaptar el contenido para conectar mejor con la audiencia.

Los asistentes de voz, junto con Alexa de Amazon y Siri de Apple, se han convertido en componentes vitales de los dispositivos inteligentes. Los usuarios pueden interactuar con estos asistentes de IA para acceder a información, controlar dispositivos domésticos inteligentes y realizar diversas tareas, ofreciendo una experiencia continua e interactiva.

La IA mejora las opiniones sobre hechos virtuales y aumentados mediante el desarrollo de entornos virtuales realistas y responsivos. Los algoritmos de IA permiten que los personajes digitales reconozcan y respondan a los gestos del usuario, creando informes de realidad digital más inmersivos e interactivos.

La IA ayuda a los creadores de contenido en la edición de videos, los efectos especiales y las tareas de postproducción. Las herramientas impulsadas por IA pueden automatizar tareas repetitivas, embellecer efectos visuales y optimizar el contenido para sistemas únicos, agilizando así el proceso de creación de contenido.

La tecnología de IA ha llegado incluso al ámbito de las presentaciones en vivo. Músicos y artistas utilizan la IA para crear presentaciones interactivas, donde la IA responde a las sugerencias del público objetivo e influye en el espectáculo en tiempo real.

Las estructuras sociales virtuales impulsadas por IA permiten a los usuarios interactuar y socializar en entornos digitales. Estos sistemas crean posibilidades para reuniones, actividades y colaboración virtuales, ampliando el concepto de interacciones sociales más allá de las limitaciones físicas.

La integración de la IA en el entretenimiento ha transformado la forma en que consumimos e interactuamos con el contenido. Desde sugerencias personalizadas hasta contenido generado por IA y personajes digitales, la IA mejora las experiencias de entretenimiento, ofreciendo a los usuarios nuevos niveles de interactividad y participación. A medida que la tecnología de la IA avanza, podemos esperar análisis de entretenimiento aún más actualizados e inmersivos que redefinen los límites de la interacción humano-IA en el mundo del entretenimiento.

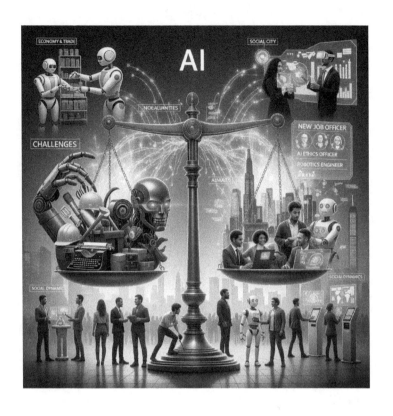

CAPÍTULO 4

El impacto social de la inteligencia artificial

4.1 El impacto de la inteligencia artificial en el mercado laboral y el desempleo

4.1.1 Efectos de la inteligencia artificial en las ocupaciones y las industrias

La adopción masiva de la inteligencia artificial (IA) está transformando las ocupaciones y las industrias a nivel mundial. Las capacidades transformadoras de la IA ofrecen numerosos beneficios, como un mayor rendimiento y productividad, pero también plantean problemas relacionados con la movilidad laboral y la generación de empleo.

La tecnología de IA destaca por automatizar tareas repetitivas y cotidianas que no requieren una planificación compleja. Esta automatización influye en numerosos sectores, desde la fabricación y la logística hasta la atención al cliente y la entrada de datos, lo que se traduce en un mayor rendimiento y una reducción de los costes laborales.

Las competencias de análisis estadístico de la IA tienen un profundo impacto en sectores como las finanzas, la publicidad y el marketing, y la salud. Al procesar grandes cantidades de datos e identificar tendencias, la IA permite a los especialistas tomar decisiones basadas en estadísticas, mejorando los resultados y la asignación de ayuda.

La creación de automatización impulsada por IA también podría resultar en un desplazamiento técnico en ciertas ocupaciones. Los trabajadores con roles que pueden ser especialmente repetitivos y automatizados sin problemas se enfrentan al riesgo de pérdida de trabajo. Sin embargo, este cambio también crea oportunidades para la capacitación y el perfeccionamiento de habilidades, permitiendo a los trabajadores la transición a nuevos roles que complementen la tecnología de IA.

Si bien la IA puede reemplazar algunas funciones de procedimiento, también crea nuevas posibilidades. El desarrollo, la protección y la implementación de la IA requieren habilidades especializadas, lo que impulsa el desarrollo de métodos en áreas relacionadas con las tecnologías de IA. Campos emergentes, como la ética de la IA, la consultoría de IA y la creatividad asistida por IA, ofrecen la posibilidad de nuevas trayectorias profesionales.

En lugar de transformar por completo a los humanos, la IA suele colaborar con ellos para mejorar la productividad y la toma de decisiones. Esta técnica colaborativa permite a los humanos centrarse en responsabilidades que requieren creatividad, inteligencia emocional y resolución de problemas complejos, al mismo tiempo que la IA gestiona las tareas cotidianas.

El impacto de la IA en la atención médica es de largo alcance, desde el análisis y las pautas terapéuticas impulsadas por IA hasta la simplificación de las obligaciones administrativas. Los dispositivos de imagen y diagnóstico médicos basados en IA ofrecen pruebas más rápidas y precisas, lo que mejora los resultados de los pacientes.

La IA está transformando la educación y las prácticas educativas. Las estructuras de aprendizaje adaptativas impulsadas por IA ofrecen evaluaciones de aprendizaje personalizadas, adaptadas a las necesidades y capacidades individuales de cada alumno. Además, la IA se utiliza cada vez más en la formación empresarial y los programas de desarrollo profesional.

La IA está dejando huella en industrias innovadoras, como la música, el arte y la creación de contenido. El arte generado por IA, las composiciones musicales y los algoritmos de recomendación de contenido son conceptos clásicos complejos de creatividad que amplían los límites de la colaboración entre humanos y IA.

La IA está revolucionando las industrias del transporte y la logística mediante la mejora de los motores autosuficientes y la optimización de las estructuras logísticas. El uso autónomo de automóviles y drones impulsados por IA promete servicios de transporte y entrega más eficientes.

La integración de la IA en diversas ocupaciones e industrias plantea problemas éticos y regulatorios. Es necesario abordar las preocupaciones sobre la privacidad de la información, el sesgo en los algoritmos de IA y el uso responsable de la IA para garantizar una implementación justa y ética de la IA.

Las consecuencias de la inteligencia artificial en las ocupaciones y las industrias son multifacéticas. Si bien la automatización impulsada por la IA podría causar desplazamientos de actividades en algunas regiones, también crea nuevas oportunidades y demandas de competencias especializadas. La colaboración entre humanos e IA y la transformación de las industrias ofrecen interesantes oportunidades para mejorar el rendimiento y la innovación. A medida que la era de la IA avanza, los responsables políticos, las empresas y los trabajadores deben colaborar para adaptarse al cambiante panorama laboral y garantizar un futuro en el que la IA beneficie a la sociedad y a los trabajadores en su conjunto.

4.1.2 Nuevas oportunidades laborales y transformación de habilidades

El rápido desarrollo de la inteligencia artificial (IA) está marcando el comienzo de una nueva generación de oportunidades de metodología y transformación del talento. A medida que las tecnologías de IA se vuelven más populares en las industrias, generan demanda de puestos especializados y exigen el desarrollo de nuevas habilidades.

Con el creciente uso de la IA en diversas aplicaciones, la demanda de desarrolladores y programadores de IA está en alza. Estos profesionales son responsables del diseño, desarrollo e implementación de algoritmos y estructuras de IA. La experiencia en aprendizaje de herramientas, conocimientos tecnológicos estadísticos y lenguajes de programación como Python y R es esencial en esta disciplina.

Los analistas y científicos de datos desempeñan un papel esencial en el sistema económico impulsado por la IA. Son responsables de recopilar, procesar y analizar grandes conjuntos de datos para obtener información y facilitar la toma de decisiones basada en estadísticas. La competencia en la manipulación, el análisis y la visualización de datos son habilidades clave en este campo.

Las cuestiones éticas en torno al uso de la IA exigen la creación de especialistas en ética y cobertura de la IA. Estos especialistas son responsables de garantizar que los sistemas de IA funcionen de forma ética, transparente y sin sesgos. Desempeñan un papel clave en el desarrollo de recomendaciones para una implementación responsable de la IA.

A medida que la IA colabora cada vez más con el personal humano, surge la necesidad de expertos que faciliten interacciones eficaces entre humanos y IA. Estos especialistas conectan la tecnología de IA con los clientes humanos, garantizando una integración fluida y maximizando los beneficios de la colaboración entre IA y humanos.

A medida que las empresas buscan aprovechar la IA para obtener ventajas competitivas, se necesita una gran cantidad de especialistas y estrategas en IA. Estos expertos asesoran a las agencias sobre estrategias de implementación de IA, analizan los posibles tiempos de uso y guían la integración de la tecnología de IA en las estrategias actuales.

Con el uso acelerado de la IA, la demanda de profesionales en ciberseguridad es cada vez mayor. Estos especialistas protegen los sistemas de IA de las ciberamenazas, garantizando la privacidad de los datos y salvaguardando los programas basados en IA de ataques maliciosos.

En la economía impulsada por la IA, ofrecer opiniones impactantes a los consumidores es fundamental. Los analistas de experiencia del cliente aprovechan la información generada por la IA para comprender las posibilidades y el comportamiento del comprador, lo que permite a las empresas ofrecer servicios personalizados.

La robótica y la automatización impulsadas por IA están transformando industrias como la manufactura, la logística y la salud. Los ingenieros en robótica y automatización configuran, extienden y sujetan estructuras robóticas impulsadas por IA para optimizar procesos y aumentar el rendimiento.

La IA también está influyendo en las industrias innovadoras. Los curadores de contenido y creativos colaboran con tecnologías de IA para desarrollar contenido atractivo e informes personalizados para los clientes. El arte, la música y el contenido generados por IA impulsan las nociones tradicionales de creatividad.

A medida que la IA se integra cada vez más en numerosos aspectos de la vida, existe una creciente demanda de profesionales capaces de gestionar la inteligencia emocional en las interacciones entre humanos y IA. Los profesionales en inteligencia emocional ayudan a diseñar sistemas de IA capaces de empatizar y responder correctamente a los sentimientos humanos.

El auge de la IA exige un cambio en las competencias que se exigen a los empleados. A medida que se automatizan las tareas habituales, se acelera el reconocimiento de capacidades que complementan las tecnologías de IA. Habilidades como la inteligencia emocional, el cuestionamiento crítico, la creatividad, la resolución de problemas, la adaptabilidad y la comunicación compleja resultan más valiosas, ya que son difíciles de replicar para la IA.

El sistema monetario impulsado por la IA está generando nuevas oportunidades de actividad y redefiniendo las necesidades de capacidad en las industrias. Desarrolladores de IA, analistas de datos, especialistas en ética y especialistas en colaboración entre humanos y IA se encuentran entre los nuevos roles que surgen como respuesta a la integración de la IA. Además, habilidades como la inteligencia emocional, la creatividad y la resolución de problemas complejos cobran importancia, ya que enriquecen la colaboración entre humanos y IA y complementan la tecnología de IA. Adoptar la transformación de capacidades y fomentar el conocimiento en campos relacionados con la IA es esencial para las personas y las organizaciones que buscan prosperar en el cambiante mercado de procesos, impulsado por las tecnologías de IA.

4.2 El papel de la inteligencia artificial en la economía y el comercio

4.2.1 Efectos de la inteligencia artificial en la producción y la eficiencia

La Inteligencia Artificial (IA) está revolucionando las técnicas de producción y generando mejoras sustanciales en la eficiencia en diversas industrias. Desde la optimización de las operaciones de fabricación hasta la gestión de la cadena de suministro, las capacidades transformadoras de la IA tienen un profundo impacto en la productividad y el rendimiento operativo.

La IA permite una automatización superior en los procesos de producción. Los robots y las máquinas impulsadas por IA pueden realizar tareas complejas con precisión y rapidez, reduciendo la necesidad de intervención humana en tareas repetitivas y arriesgadas. Esta automatización se traduce en mayores costes de fabricación, menos errores y una mayor seguridad en el lugar de trabajo.

Las estructuras de protección predictiva impulsadas por IA monitorean dispositivos y equipos en tiempo real, analizando datos para detectar fallos de funcionamiento antes de que ocurran. Al identificar proactivamente las necesidades de mantenimiento, las organizaciones pueden reducir el tiempo de inactividad, optimizar los programas de protección y prolongar la vida útil de sus activos.

La IA optimiza el control de la cadena de suministro mediante la lectura de grandes cantidades de datos para realizar pronósticos precisos, optimizar los inventarios y determinar las rutas de transporte más eficientes. Esta información ayuda a las empresas a reducir los plazos de entrega, gestionar los precios de las existencias y mejorar el rendimiento general de la cadena de suministro.

Las estructuras de manipulación notables impulsadas por IA pueden analizar productos y materiales con gran precisión, detectando defectos y desviaciones de los estándares. La detección temprana de enfermedades reduce el desperdicio y garantiza que solo los productos más excepcionales lleguen al mercado, lo que aumenta el orgullo del cliente y el reconocimiento de marca.

Los algoritmos de IA analizan los registros de fabricación y las tendencias del mercado para optimizar la asignación de recursos y la planificación de la producción. Las empresas pueden gestionar los programas de fabricación, los niveles de inventario y la asignación de personal en tiempo real, respondiendo adecuadamente a las necesidades cambiantes y a las condiciones del mercado.

La IA realiza una evaluación exhaustiva de las estrategias de producción, identificando áreas de desarrollo y optimización. Al optimizar los flujos de trabajo y eliminar ineficiencias, las empresas pueden aumentar la productividad y reducir los costos de producción.

La IA contribuye a la eficiencia energética en la producción, optimizando el consumo energético y optimizando el uso de la energía. Los sistemas inteligentes de gestión de la energía, basados en algoritmos de IA, garantizan un uso eficiente de la electricidad, reduciendo los costes operativos y el impacto ambiental.

Las estructuras de fabricación impulsadas por IA permiten la personalización masiva de productos. Al analizar las opciones y estadísticas de los compradores, las empresas pueden adaptar los productos a las necesidades de cada cliente, mejorando así la satisfacción y la fidelización del cliente.

La IA agiliza la mejora de productos y la innovación. Al analizar las tendencias del mercado y las opiniones de los clientes, las organizaciones pueden desarrollar y lanzar nuevos productos rápidamente, ganando ventaja competitiva con un tiempo de comercialización más rápido.

El potencial de la IA para investigar y adaptarse a lo largo de los años fomenta la mejora continua de los procesos de fabricación. Las estructuras de IA analizan estadísticas y métricas de rendimiento general, identificando posibilidades de refinamiento y optimización, lo que impulsa la mejora continua del rendimiento de la producción.

Las consecuencias de la IA en la fabricación y el rendimiento general son trascendentales y transformadoras.

Desde la automatización avanzada y la protección predictiva hasta la optimización de la cadena de suministro y la eficiencia energética, la tecnología de IA ofrece importantes beneficios en diversas industrias. Al aprovechar la IA para optimizar las estrategias de producción y la asignación de recursos, las empresas pueden lograr una mayor productividad, reducir costes y mantenerse competitivas en un mercado global dinámico y acelerado. Adoptar soluciones basadas en IA es fundamental para las empresas que buscan prosperar en la era digital y aprovechar al máximo su potencial para impulsar la excelencia productiva y operativa.

4.2.2 Uso de la Inteligencia Artificial en el Comercio y el Marketing

La Inteligencia Artificial (IA) está transformando el panorama del marketing y el comercio, revolucionando la forma en que las organizaciones interactúan con los clientes, toman decisiones basadas en información y optimizan sus estrategias de marketing. Al aprovechar las tecnologías basadas en IA, las empresas pueden obtener información valiosa, generar informes personalizados y mejorar su competitividad.

La IA permite a las empresas analizar grandes cantidades de datos de los compradores, como estadísticas de compra, opciones e interacciones en línea. Al aprovechar los algoritmos de aprendizaje automático, las empresas pueden obtener información valiosa sobre el comportamiento del cliente, identificando patrones y tendencias que impulsan estrategias de marketing específicas.

Los motores de asesoramiento basados en IA ofrecen contenido personalizado y recomendaciones de productos a clientes individuales según sus preferencias e interacciones previas. Este nivel de personalización mejora la interacción del cliente y aumenta el riesgo de conversión y la repetición de compras.

Los chatbots y asistentes virtuales con tecnología de IA ofrecen soporte y asistencia al cliente en tiempo real. Al responder las consultas de los clientes y resolver problemas de inmediato, las organizaciones pueden mejorar la satisfacción del cliente y mejorar la experiencia general del cliente.

La generación de IA facilita las ventas y la generación de leads al identificar clientes potenciales con mayor probabilidad de transformación. Mediante el análisis predictivo, las empresas pueden priorizar leads, optimizar los embudos de ventas y adaptar sus estrategias de marketing para identificar oportunidades de alto valor.

Los algoritmos de fijación de precios basados en IA analizan las condiciones del mercado, los precios de la competencia y la demanda del comprador para optimizar los precios de los productos. Las técnicas de fijación de precios dinámicos basadas en datos en tiempo real ayudan a las organizaciones a mantenerse competitivas y maximizar las ventas.

Los equipos de IA muestran en las redes sociales cómo captar las menciones de la marca y el sentimiento del cliente. El análisis de sentimiento permite a las agencias evaluar la percepción del público, identificar las inquietudes del cliente y responder directamente a comentarios e inquietudes.

La IA puede generar contenido, como artículos, descripciones de productos y publicaciones en redes sociales. Los algoritmos de curación de contenido también pueden seleccionar contenido relevante de diversas fuentes para conectar con el público y fomentar el control de conceptos.

La IA permite a las empresas mejorar sus estrategias de SEO mediante el análisis de los algoritmos de los motores de búsqueda y el comportamiento del cliente. Las herramientas de SEO basadas en IA proporcionan información valiosa para optimizar el contenido del sitio web y mejorar las puntuaciones en los motores de búsqueda.

email marketing basados en IA utilizan el aprendizaje automático para analizar el comportamiento del cliente y optimizar las campañas de email marketing. Estas estructuras pueden sugerir el mejor momento para enviar emails, personalizar el contenido y mejorar las tasas de apertura y clics.

La IA optimiza los estudios de mercado gracias a la recopilación y lectura de estadísticas de diversas fuentes. Las herramientas de análisis competitivo impulsadas por IA ofrecen a los equipos información valiosa sobre las estrategias de la competencia y las tendencias del mercado.

El uso de la IA en el cambio y la publicidad ofrece grandes beneficios para las empresas que buscan prosperar en la era digital. Al aprovechar la tecnología de IA para obtener información del cliente, marketing personalizado, asistencia mediante chatbots y optimización de precios, las empresas pueden mejorar las opiniones de los clientes, aumentar sus ingresos y beneficiarse de una ventaja competitiva. Las aplicaciones de IA en la creación de contenido, el marketing en buscadores, el email marketing y la investigación de mercado también ofrecen herramientas valiosas para que las empresas se anticipen a las tendencias del mercado y se adapten a los cambios en el comportamiento de los clientes. Adoptar soluciones basadas en IA en el cambio y la publicidad es crucial para las empresas que buscan mantenerse relevantes y tener éxito en un mercado cada vez más competitivo y basado en datos.

4.3 Cambios potenciales en la dinámica social debido a la inteligencia artificial

4.3.1 Percepción social e interacción con la inteligencia artificial

A medida que la inteligencia artificial (IA) se integra cada vez más en nuestra vida diaria, nuestras percepciones e interacciones con ella evolucionan. Las tecnologías impulsadas por IA, como los asistentes virtuales y los chatbots, son cada vez más comunes y configuran nuestra interacción con las máquinas y nuestra comprensión de ellas.

Una de las características fascinantes de la interacción humano-IA es la tendencia a antropomorfizar las estructuras de IA. Cuando los asistentes virtuales o chatbots de IA tienen funciones similares a las humanas en sus interacciones, los seres humanos pueden desarrollar vínculos emocionales con ellos. Esta conexión emocional puede llevar a los usuarios a ver la IA como algo más que un simple dispositivo, atribuyéndoles rasgos y personalidades similares a los humanos.

La percepción social de la IA se basa en la confianza y la fiabilidad que los usuarios depositan en dichos sistemas. A medida que la tecnología de IA se moderniza y ofrece respuestas precisas, los usuarios tienden a confiar en ella para diversas tareas, lo que aumenta la confianza en sus capacidades.

A medida que la IA se involucra más en las estrategias de toma de decisiones, entran en juego cuestiones éticas y morales. Los usuarios y la sociedad en general lidian con cuestiones de ética de la IA, como la responsabilidad de sus acciones, el sesgo en sus algoritmos y las implicaciones morales de las decisiones impulsadas por ella.

La creciente integración de la IA en diversas industrias aumenta los problemas relacionados con el desplazamiento de métodos y el impacto en la capacidad de los empleados. Algunas personas perciben la IA como un peligro para la seguridad laboral, temiendo que también pueda reemplazar a los empleados humanos en ciertas funciones.

Los estudios de personalidad positivos con tecnología de IA mejoran la confianza y la reputación social. Los sistemas de IA que ofrecen interacciones personalizadas y adaptan las respuestas a las preferencias individuales tienen mayor probabilidad de ser bien recibidos por los usuarios.

El concepto de colaboración entre humanos e IA cobra mayor relevancia a medida que la IA se integra cada vez más en diversos aspectos del trabajo y la vida cotidiana. En lugar de ver la IA como una alternativa a las capacidades humanas, el interés se centra en cómo las personas y la IA pueden colaborar para obtener mejores resultados.

El impacto social de la IA es un tema de debate continuo. Dado que la tecnología de IA impacta en numerosos aspectos de la sociedad, como la privacidad, la seguridad y la atención médica, la percepción que los humanos tienen de la IA se basa en los beneficios y riesgos percibidos que conlleva.

Las estructuras de IA pueden perpetuar inadvertidamente sesgos en la información utilizada para educarlas. La atención sobre los sesgos en la IA ha impulsado un mayor escrutinio de la tecnología de IA y la exigencia de equidad y transparencia en su desarrollo e implementación.

La era de la IA que simula la guía emocional o la compañía, incluyendo mascotas digitales o chatbots, puede impactar la percepción social de los humanos sobre la IA. Estas estructuras también pueden brindar consuelo y compañía, especialmente a quienes se sienten solos o aislados.

Promover la educación y el interés en las competencias y los límites de la IA es importante para moldear la percepción social. A medida que las personas adquieren mayor conocimiento sobre la tecnología de IA, están mejor preparadas para interactuar con los sistemas de IA de forma responsable y responsable.

La creencia social y la interacción con la inteligencia artificial son multifacéticas y están en constante evolución. A medida que la tecnología de IA se integra cada vez más en nuestras vidas, la forma en que la comprendemos e interactuamos con ella seguirá moldeando nuestra relación con estos sistemas inteligentes. Promover las preocupaciones éticas, fomentar excelentes informes de usuarios e impulsar la colaboración entre humanos e IA es crucial para construir una coexistencia armoniosa y productiva entre las personas y la generación de IA en la sociedad.

4.3.2 Normas culturales y sociales influenciadas por la inteligencia artificial

La Inteligencia Artificial (IA) no solo está transformando industrias y tecnologías, sino que también está ejerciendo un impacto significativo en las normas culturales y sociales. A medida que la tecnología de la IA se integra cada vez más en nuestra vida cotidiana, moldea cómo interactuamos, nos comunicamos y comprendemos el entorno que nos rodea.

Los equipos de comunicación basados en IA, como chatbots y asistentes virtuales, están transformando nuestra forma de interactuar con la tecnología y con los demás. Cada vez más, las personas interactúan conversacionalmente con IA, que tiene la capacidad de redefinir las normas de la comunicación en diversos contextos.

La capacidad de la IA para analizar grandes cantidades de datos ha generado inquietudes sobre la privacidad y el intercambio de datos. A medida que los sistemas de IA recopilan y procesan datos personales, las normas culturales en torno a la privacidad y el consentimiento de los datos se reevaluan y se moldean debido a la necesidad de una gestión responsable de los datos.

La automatización de importantes responsabilidades mediante la tecnología de IA influye en el equilibrio entre el trabajo y el estilo de vida. A medida que la IA gestiona las tareas repetitivas y cotidianas, puede producirse un cambio en las normas sociales sobre las horas de trabajo, el tiempo de ocio y el coste del trabajo humano.

La integración de la IA en diversas tecnologías promueve una mayor accesibilidad e inclusión. Los dispositivos basados en IA, junto con las aplicaciones de reconocimiento de voz y de texto a voz, permiten a las personas con discapacidad acceder a la información y participar de forma más plena en la sociedad.

Los algoritmos de selección y asesoramiento de contenido basados en IA determinan a qué información y contenido se exponen los usuarios en línea. Esto tiene el potencial de crear cámaras de eco e influir en las normas culturales al reforzar los ideales y las oportunidades existentes.

A medida que las tecnologías de IA producen obras innovadoras, como obras de arte y música, las normas culturales en torno a la idea de creatividad y autoría evolucionan. Surgen debates sobre el papel de la IA en la expresión creativa y su impacto en las industrias del arte y el entretenimiento.

Las estructuras de IA pueden perpetuar inadvertidamente sesgos en los datos que manejan profesionalmente. Esto ha generado debates sobre los sesgos culturales en los algoritmos de IA y la necesidad de equidad e inclusión en el desarrollo de la IA.

A medida que la generación de IA se vuelve más moderna, el grado de confianza de la sociedad en estas estructuras evoluciona. Las normas culturales en torno a la confianza en la IA para la toma de decisiones y la aceptación de las sugerencias generadas por ella cambian constantemente.

La creciente presencia de la IA en diversos aspectos de la existencia plantea interrogantes sobre la naturaleza de las relaciones entre humanos y IA. A medida que la tecnología de

IA se vuelve más interactiva y humana, se redefinen las normas culturales en torno a las interacciones sociales con la IA.

La integración de la IA en la educación está transformando la forma en que abordamos el aprendizaje y la adquisición de habilidades. El aprendizaje adaptativo basado en IA permite adaptar las estructuras a las normas tradicionales de la enseñanza en el aula, con la capacidad de adaptar los estudios educativos a las características de los estudiantes.

La inteligencia artificial está transformando las normas culturales y sociales de diversas maneras, desde nuestra forma de hablar y relacionarnos hasta cómo valoramos la privacidad y la creatividad. A medida que la era de la IA continúa desarrollándose, es fundamental que la sociedad participe en debates continuos sobre las implicaciones éticas, culturales y sociales de su impacto. Establecer pautas responsables y promover la concienciación sobre el impacto cultural de la IA contribuirá a un futuro en el que estas generaciones inteligentes contribuyan a nuestro panorama cultural y a las normas sociales.

CAPÍTULO 5

Ética e Inteligencia Artificial

5.1 Cuestiones éticas y responsabilidades de la inteligencia artificial

5.1.1 Procesos de toma de decisiones éticas en inteligencia artificial

La toma de decisiones éticas es un factor esencial para el desarrollo y la implementación responsable de sistemas de inteligencia artificial (IA). A medida que la tecnología de IA se integra cada vez más en numerosos ámbitos de la sociedad, es fundamental abordar las cuestiones éticas para garantizar que la IA se desarrolle y se utilice de forma coherente con los valores humanos y el bienestar social.

Los desarrolladores e investigadores de IA utilizan marcos éticos como estándares rectores para moldear el proceso de toma de decisiones. Estos marcos también pueden incluir estándares como la equidad, la transparencia, la responsabilidad, la privacidad y la prevención de daños. Al adherirse a estos marcos, los profesionales de la IA buscan crear sistemas que se ajusten a los estándares éticos.

La toma de decisiones éticas en IA implica considerar diversos puntos de vista y aportaciones. La participación de partes interesadas de diversos ámbitos, como especialistas en ética, legisladores, especialistas y grupos de interés, garantiza que se tengan en cuenta diversos puntos de vista.

El desarrollo ético de la IA implica respetar la privacidad de los datos y obtener el consentimiento informado de las personas cuyas estadísticas se utilizan para entrenar modelos de IA. Garantizar que los registros se recopilen y utilicen de forma responsable y transparente es crucial para garantizar la correcta aplicación de los sistemas de IA.

Los algoritmos de IA pueden perpetuar inadvertidamente sesgos en las estadísticas utilizadas para la educación. La toma de decisiones éticas implica esfuerzos continuos para comprender y mitigar los sesgos en las estructuras de IA, garantizando así la equidad en sus resultados.

La IA ética exige que el enfoque de toma de decisiones de las estructuras de IA sea explicable y claro. Los usuarios y las partes interesadas deben ser capaces de comprender cómo la IA llegó a una decisión o consejo específico, fomentando la confianza y la responsabilidad.

La toma de decisiones éticas de IA enfatiza la importancia de la supervisión y el control humanos sobre las estructuras de IA. Los humanos deben mantener la capacidad de interferir y anular las decisiones de la IA, especialmente en contextos críticos como la atención médica y los vehículos autosuficientes.

La ética de la IA es un proceso continuo que exige el seguimiento y la evaluación constantes de los sistemas de IA. Las comprobaciones periódicas garantizan que la tecnología de IA se ajuste a los requisitos éticos a medida que evolucionan las normas y los valores sociales.

Antes de implementar estructuras de IA, es fundamental realizar evaluaciones de impacto moral. Estas evaluaciones estudian las implicaciones morales, los riesgos y los resultados sociales de los paquetes de IA, lo que permite una toma de decisiones informada.

Los desarrolladores e implementadores de IA deben tener en cuenta las variaciones y contextos culturales al formular sus deseos éticos. Lo que se considera ético en un contexto cultural no lo será en otro, y respetar la diversidad cultural es fundamental.

La colaboración entre desarrolladores de IA, legisladores y la red en general es vital para afrontar colectivamente situaciones éticamente exigentes. Establecer mecanismos de responsabilidad garantiza el cumplimiento de los requisitos éticos en algún momento del ciclo de vida de la IA.

Las técnicas de toma de decisiones éticas son esenciales para el desarrollo y la implementación responsables de la inteligencia artificial. Al adherirse a marcos éticos, considerar diversas perspectivas y abordar cuestiones como la privacidad de las estadísticas, los sesgos y la transparencia, los profesionales de la IA pueden crear sistemas de IA que se alineen con los valores éticos y las expectativas sociales. La comparación y el monitoreo continuos de las estructuras de IA y la participación en evaluaciones de impacto ético son esenciales para garantizar que la tecnología de IA contribuya de forma segura a la sociedad, a la vez que mitiga los riesgos de seguridad y las situaciones problemáticas. Adoptar prácticas éticas en el desarrollo de la IA es fundamental para forjar un futuro donde la tecnología de IA mejore el bienestar humano y contribuya a una sociedad más inclusiva y equitativa.

5.1.2 Desafíos de sesgo y discriminación

Una de las condiciones morales más preocupantes en la inteligencia artificial (IA) es la presencia de sesgos y discriminación en los sistemas de IA. A pesar de su capacidad para tomar decisiones independientes, sus algoritmos pueden perpetuar o incluso agravar inadvertidamente sesgos sociales en la información utilizada para su aprendizaje.

Los algoritmos de IA estudian registros históricos, que también podrían reflejar sesgos y desigualdades históricas. Si los datos educativos están sesgados, la herramienta de IA puede reflejar y reforzar esos sesgos, esenciales para los efectos discriminatorios.

El sesgo algorítmico se refiere a los sesgos que surgen de la forma y el diseño de los algoritmos de IA. Incluso si la información educativa es imparcial, los propios algoritmos pueden introducir sesgos debido a la forma en que interpretan y procesan la información.

Las estructuras de IA pueden tomar decisiones que impactan desproporcionadamente a ciertas agencias o personas en función de atributos como raza, género, edad o nivel socioeconómico. Los efectos discriminatorios pueden ser el resultado de datos educativos sesgados o decisiones algorítmicas.

La falta de diversidad entre los desarrolladores e investigadores de IA puede generar puntos ciegos a la hora de identificar y abordar los sesgos. La diversidad de perspectivas es esencial para desarrollar estructuras de IA que sean veraces y equitativas.

Las estructuras de IA de campo negro, donde el método de selección no es obvio, deberían dificultar la percepción y el manejo del sesgo. La falta de explicabilidad dificulta la comprensión de cómo la IA llegó a ciertas selecciones.

Los sistemas de IA sesgados pueden generar bucles de retroalimentación, donde los efectos discriminatorios perpetúan aún más el sesgo en los registros escolares. Este ciclo puede provocar un refuerzo continuo de los sesgos hacia los regalos.

Los sistemas de IA también pueden tener dificultades para recordar el contexto matizado de ciertas decisiones, lo que puede dar lugar a juicios sesgados. El mismo deseo, realizado en contextos extremadamente favorables, puede producir resultados brillantes, lo que genera inconsistencias e injusticias de capacidad.

La escasez de datos o la información negativa de alta calidad en empresas de alta calidad pueden provocar una subrepresentación y aumentar aún más el sesgo. Una representación inadecuada puede generar modelos de IA sesgados.

Es posible que los sistemas de IA no consideren adecuadamente la interseccionalidad (la superposición de múltiples identidades sociales, que incluye raza, género y posición socioeconómica). No recordar la interseccionalidad puede generar sesgo agravado.

La naturaleza inesperadamente evolutiva de la tecnología de IA plantea condiciones preocupantes para los reguladores y los responsables políticos a la hora de abordar los sesgos y la discriminación. La creación de regulaciones sólidas para garantizar prácticas éticas de IA, al tiempo que se evita frenar la innovación, requiere una consideración cautelosa.

El uso de datos diversos y consultivos a lo largo del entrenamiento de IA puede ayudar a reducir el sesgo y garantizar resultados más equitativos.

El desarrollo de algoritmos y herramientas para detectar y mitigar sesgos es vital. Las técnicas que incorporan entrenamiento antagónico y algoritmos de desesgo pueden ayudar a reducir el sesgo en los modelos de IA.

Promover la mejora de modelos de IA explicables puede aumentar la transparencia y permitir una mejor comprensión de las selecciones de IA.

La creación de recomendaciones y requisitos éticos a nivel empresarial para el desarrollo y la implementación de IA puede fomentar prácticas de IA responsables.

Asegurarse de que la IA estructure el trabajo artístico en colaboración con la supervisión humana puede ayudar a abordar los sesgos contextuales y hacer que las decisiones complejas sean más equitativas.

La evaluación periódica de las estructuras de IA para detectar sesgos y la realización de auditorías pueden ayudar a descubrir y abordar los sesgos a lo largo de los años.

Fomentar la variedad en las organizaciones de desarrollo de IA puede aportar perspectivas precisas, que favorezcan sistemas de IA más robustos y honestos.

Involucrar a las corporaciones y partes interesadas afectadas en el desarrollo y la implementación de estructuras de IA puede ayudar a comprender el sesgo de funcionalidad y garantizar que la IA beneficie a todos los usuarios.

Realizar evaluaciones de los efectos morales antes de implementar sistemas de IA puede comparar los sesgos de capacidad y los peligros de discriminación.

La implementación de mecanismos de comentarios de los clientes puede permitirles registrar consecuencias sesgadas y contribuir a las mejoras continuas en los sistemas de IA.

Abordar las situaciones estresantes causadas por sesgos y discriminación en la IA es fundamental para construir estructuras de IA veraces y equitativas. Al promover registros diversos y representativos, adoptar técnicas de detección y mitigación de sesgos, y fomentar la transparencia y la supervisión humana, podemos avanzar hacia una generación de

IA más ética y justa. La colaboración de las partes interesadas, como desarrolladores de IA, investigadores, legisladores y comunidades afectadas, es crucial para superar estas situaciones difíciles y forjar un futuro en el que la IA beneficie a todas las personas y no perpetúe las desigualdades sociales.

5.2 La relación entre la inteligencia artificial y la privacidad de datos

5.2.1 Recopilación de datos y privacidad personal

La recopilación de datos es la inspiración de los sistemas de inteligencia artificial (IA), permitiéndoles analizar, adaptar y tomar decisiones informadas. Sin embargo, la gran acumulación y procesamiento de registros personales plantea importantes problemas en cuanto a la privacidad individual y la protección de datos.

Las estructuras de IA dependen de cantidades masivas de información para funcionar eficazmente. A medida que se recopilan más datos de humanos, surgen inquietudes sobre la cantidad de recopilación de datos y la posibilidad de intrusiones en la privacidad.

La IA gestiona frecuentemente información personal identificable (PII), como nombres, direcciones, información financiera y registros médicos. El manejo de esta información sensible requiere estrictas medidas de protección de la privacidad para evitar el acceso no autorizado o el uso indebido.

La agregación de grandes conjuntos de datos plantea un peligro de violaciones de estadísticas y ciberataques, lo que lleva a la exposición de información confidencial y a violaciones de la privacidad de las personas.

En algunos casos, es posible que los seres humanos no tengan pleno acceso a los datos recopilados sobre ellos o no hayan dado su consentimiento informado para su uso en sistemas de IA.

Los algoritmos impulsados por inteligencia artificial pueden crear perfiles específicos de seres humanos, lo que conduce a publicidad invasiva y a la manipulación de la conducta del cliente.

El uso de IA en la tecnología de vigilancia aumenta los problemas relacionados con el seguimiento por parte de las autoridades y la posibilidad de vulnerar las libertades civiles y los derechos humanos.

La centralización de las estadísticas en manos de algunas entidades poderosas puede generar monopolios de información y limitar el control de los consumidores sobre sus registros privados.

Incluso cuando los datos se anonimizan, las técnicas de reidentificación también pueden vincularlos directamente a personas específicas, lo que plantea riesgos a la privacidad.

Los flujos de datos globales en IA plantean condiciones exigentes para cumplir con las diferentes recomendaciones de privacidad en los distintos países.

El uso moral de los datos es esencial para garantizar que los sistemas de IA no aprovechen al máximo ni dañen a los seres humanos mediante el uso indebido de registros personales.

La adopción de prácticas de minimización de información garantiza que se recopilen los datos más importantes y relevantes, lo que reduce el riesgo de violaciones de la privacidad.

La incorporación de preocupaciones sobre la privacidad desde el inicio de los sistemas de IA permite incorporar protecciones de privacidad en el proceso de diseño y desarrollo.

Obtener el consentimiento informado de las personas para la recopilación y el uso de información garantiza la transparencia y permite a los clientes tomar decisiones informadas sobre sus datos.

La implementación de estrategias sólidas de anonimización y encriptación puede proteger los registros confidenciales del acceso no autorizado.

Cumplir con las normas de privacidad y los estándares comerciales permite garantizar que los sistemas de IA consideren los estándares de privacidad éticos y penales.

Brindar a los clientes control adicional sobre sus registros y la capacidad de administrar su configuración de privacidad fomenta una experiencia de empoderamiento y confianza.

La realización de auditorías de privacidad periódicas puede detectar y abordar vulnerabilidades de privacidad funcional en los sistemas de IA.

Aumentar la atención pública sobre las prácticas de recopilación de registros y los riesgos a la privacidad permite a las personas proteger sus derechos de privacidad.

La promoción de marcos colaborativos de gobernanza de registros que involucren a numerosas partes interesadas puede garantizar un uso responsable y ético de los datos.

La realización de evaluaciones del efecto sobre la privacidad de los proyectos de IA puede examinar los riesgos de privacidad de las capacidades y orientar el desarrollo de soluciones que comprometen la privacidad.

Las series de datos son cruciales para el funcionamiento de las estructuras de IA, pero también plantean importantes desafíos en cuanto a la privacidad personal. Al implementar prácticas de minimización de datos, obtener el consentimiento informado y priorizar la protección de la privacidad, podemos abordar estas situaciones difíciles y garantizar que la IA respete el derecho a la privacidad de las personas. La colaboración entre las partes interesadas, la atención pública y el cumplimiento de las normas de privacidad son esenciales para construir sistemas de IA que no solo sean prácticos, sino también respetuosos con la privacidad y el uso ético de los datos.

5.2.2 Garantizar la seguridad y protección de los datos con inteligencia artificial

A medida que la inteligencia artificial (IA) continúa transformando industrias y mejorando diversos paquetes, garantizar la seguridad de la información se convierte en una prioridad. Los sistemas de IA dependen en gran medida de la información, que a menudo contiene registros confidenciales y valiosos, lo que los convierte en blanco fácil de ciberataques y filtraciones.

Los sistemas de IA son susceptibles a ciberamenazas, como filtraciones de datos, ataques de malware y ataques de denegación de servicio (DoS). La creciente complejidad de los algoritmos de IA y la interconexión de las estructuras aumentan el riesgo de vulnerabilidades de seguridad.

La implementación de técnicas de encriptación robustas para el almacenamiento y transmisión de estadísticas permite proteger las estadísticas del acceso no autorizado y garantiza su confidencialidad.

El uso de MFA proporciona una capa adicional de seguridad con el recurso de requerir que los clientes ofrezcan múltiples tipos de autenticación antes de obtener acceso a registros confidenciales o sistemas de IA.

El uso de protocolos de conversación fuertes, incluido HTTPS, para la transmisión de registros evita la interceptación y el espionaje de registros en algún punto de tránsito.

La implementación de controles de acceso granulares garantiza que el personal legal competente pueda tener acceso a registros precisos, lo que reduce el riesgo de violaciones de información interna.

Para las estructuras de IA implementadas en la nube, garantizar la seguridad de la infraestructura de la nube es vital para defender los datos de ataques de capacidad basados en la nube.

La actualización frecuente del software de IA y la aplicación de parches de protección permiten abordar las vulnerabilidades y protegerse contra las amenazas detectadas.

El aprovechamiento de la IA para la detección de oportunidades y anomalías puede mejorar la capacidad de detectar y responder a las violaciones de seguridad.

El uso de estrategias de mantenimiento de la privacidad, como la privacidad diferencial o el aprendizaje federado, permite que los modelos de IA analicen los datos sin tener acceso directo a información confidencial.

La implementación de prácticas de eliminación de información estables garantiza que la información se borre por completo de los dispositivos de almacenamiento cuando no se desea, lo que reduce el riesgo de fugas de información.

La realización periódica de auditorías de protección y pruebas de vulnerabilidad permite tomar conciencia de las debilidades en las estructuras de IA y la infraestructura de datos.

de hacking moral a través de pruebas de penetración permite identificar posibles puntos de entrada para los atacantes cibernéticos y comprobar la resiliencia de las estructuras de IA.

Educar al personal acerca de las grandes prácticas de seguridad estadística y las amenazas potenciales puede prevenir violaciones de registros accidentales debido a errores humanos.

Colaborar con especialistas y empresas en ciberseguridad mejora la capacidad de hacer frente a amenazas sofisticadas e implementar buenas prácticas.

Contar con un plan de reacción ante incidentes adecuadamente descrito en la región permite actuar con rapidez y eficacia en caso de una violación de datos o un incidente cibernético.

La implementación de prácticas de implementación de modelos de IA estables garantiza que las estructuras de IA no divulguen inadvertidamente información confidencial durante su funcionamiento.

Adherirse a conceptos éticos en la recopilación y uso de información permite garantizar que los registros se obtengan y utilicen de manera responsable.

El cumplimiento de las leyes y políticas de seguridad estadística aplicables refuerza el compromiso con la seguridad y la privacidad de las estadísticas.

de datos periódicas y los planes de recuperación ante desastres mitigan el riesgo de pérdida de registros en caso de una violación o falla del dispositivo.

Ser transparente con los clientes sobre las prácticas de manejo de estadísticas genera confianza y confianza en la protección del dispositivo de IA.

Salvaguardar la seguridad y protección de los registros es fundamental para implementar la inteligencia artificial de forma responsable. Mediante un cifrado robusto, el acceso a los controles y la autenticación multifactor, las organizaciones pueden proteger la información confidencial de las ciberamenazas. Las auditorías de seguridad periódicas, la formación de los empleados y la colaboración con profesionales de la ciberseguridad refuerzan la seguridad general de los sistemas de IA. El uso ético de los registros, el cumplimiento de las normativas y unas prácticas transparentes de gestión de datos refuerzan el compromiso con la seguridad y la privacidad de los datos. A medida que la tecnología de IA se adapta, los esfuerzos continuos para garantizar la seguridad de los datos serán cruciales para mantener la confianza de los usuarios y fomentar una implementación responsable de la IA.

5.3 Implicaciones de la Inteligencia Artificial en la Justicia y la Igualdad

5.3.1 Contribuciones de la inteligencia artificial a los sistemas de derecho y justicia

La Inteligencia Artificial (IA) ha realizado importantes contribuciones a diversas industrias, y el ámbito del derecho y la justicia no es la excepción. Las capacidades transformadoras de la IA están transformando el funcionamiento de los profesionales penitenciarios y los sistemas de justicia, optimizando las técnicas, mejorando la toma de decisiones y el acceso a la justicia.

Un dispositivo con IA puede examinar con éxito grandes volúmenes de expedientes penales, que incluyen jurisprudencia, estatutos y políticas. Al identificar rápidamente precedentes aplicables y argumentos de prisión, la IA agiliza la investigación de delitos graves, ahorrando tiempo y recursos a los expertos penitenciarios.

Los algoritmos de IA pueden analizar estadísticas históricas de casos para calcular las posibles consecuencias de los casos en curso. Los expertos legales pueden utilizar esta información para tomar decisiones informadas y desarrollar estrategias de litigio más eficaces.

Los equipos de evaluación de acuerdos basados en IA automatizan la evaluación de contratos, identificando términos esenciales y riesgos de capacidad. Esto complementa la eficiencia y la precisión de la gestión de contratos para agencias y organizaciones penitenciarias.

Los chatbots legales con inteligencia artificial brindan asistencia en tiempo real a quienes buscan información y orientación sobre delitos. Estos chatbots pueden responder consultas penales comunes, ofrecer asesoramiento a delincuentes y dirigir a los usuarios a recursos penales adecuados.

Se está explorando la IA para ayudar a los jueces a tomar decisiones de sentencia más regulares y sinceras. Al estudiar elementos relevantes e información histórica, la IA puede ayudar a determinar el riesgo de reincidencia y orientar las opciones de libertad condicional.

La tecnología de IA enriquece la gestión de casos penales con la automatización de responsabilidades administrativas, la programación y el control de plazos. Esto optimiza el flujo de trabajo y mejora la eficiencia de los procesos penitenciarios.

Las plataformas de descubrimiento electrónico basadas en IA pueden analizar grandes volúmenes de registros digitales para identificar evidencia relevante en casos de prisión. Esto agiliza el proceso de descubrimiento y mejora la precisión en la identificación de evidencias.

Los programas de IA en el ámbito regulatorio tienen la capacidad de mejorar el acceso a la justicia para las poblaciones marginadas que también pueden tener acceso restringido a recursos para la representación penal. Los chatbots legales y las fuentes en línea ofrecen información y asistencia legal accesibles.

Los modelos de IA pueden utilizarse para evaluar la probabilidad de reincidencia o de incomparecencia ante el tribunal. Esto ayuda a jueces y funcionarios de libertad condicional a tomar decisiones basadas en estadísticas, considerando los conceptos de equidad y justicia.

Las tecnologías de IA son fundamentales para detectar y detener el ciberdelito y el fraude. Los equipos de ciberseguridad basados en IA pueden analizar rápidamente los datos de la red para identificar anomalías y prevenir posibles brechas de seguridad.

La inteligencia artificial está transformando los sistemas jurídicos y judiciales, dotando a los expertos legales de competencias académicas superiores, herramientas avanzadas para la toma de decisiones y flujos de trabajo optimizados. Las capacidades de análisis predictivo y evaluación de acuerdos de la IA contribuyen a técnicas legales más informadas y a una gestión eficiente de los contratos. Los chatbots legales amplían el acceso a la justicia, presentando información esencial y ayudando a quienes buscan ayuda para la delincuencia. En el ámbito de la justicia penal, la evaluación de riesgos y el apoyo a la sentencia que ofrece la IA pueden generar resultados más justos y equitativos. Además, la IA desempeña un papel crucial en la prevención del ciberdelito y la protección de la información en el ámbito judicial. A medida que la IA siga mejorando, sin duda revolucionará el panorama penal, haciendo que la justicia sea más accesible, ecológica y equitativa para todos. Sin embargo, es necesario prestar especial atención a las preocupaciones éticas y los sesgos de capacidad en las estructuras de IA para garantizar que la tecnología se utilice de forma responsable y comprometida con la equidad y la justicia.

5.3.2 Perspectivas sobre la igualdad social y las implicaciones de la justicia de la inteligencia artificial

El rápido desarrollo de la inteligencia artificial (IA) genera satisfacción y preocupación por su impacto funcional en la igualdad y la justicia social. A medida que las tecnologías de IA se integran cada vez más en diversos ámbitos de la sociedad, es fundamental estudiar a fondo sus implicaciones para los grupos marginados y las poblaciones vulnerables.

Las estructuras de IA entrenadas con estadísticas sesgadas pueden perpetuar las desigualdades sociales y la discriminación. Si los datos históricos reflejan sesgos, los algoritmos de IA podrían producir, inadvertidamente, resultados sesgados en diversos ámbitos, como la contratación, los préstamos y la justicia corrupta.

El despliegue de la IA puede exacerbar las disparidades sociales actuales, ya que las personas con mayor acceso a la tecnología y los recursos de la IA probablemente obtendrán mayores beneficios. La brecha digital y el acceso desigual a las herramientas de IA podrían profundizar las disparidades en la educación, la atención médica y las oportunidades financieras.

La falta de diversidad entre los desarrolladores e investigadores de IA puede provocar sesgos en la selección algorítmica. Para abordar este problema, es fundamental una mayor diversidad de perspectivas y ejemplos en los grupos de desarrollo de IA.

La IA en la vigilancia, la aplicación de la ley y el bienestar social plantea problemas éticos relacionados con la privacidad, los derechos humanos y las prácticas de vigilancia. Garantizar que la IA se implemente de forma ética y se ajuste a los valores sociales es vital para proteger la justicia.

La capacidad transformadora de la IA puede alterar los estilos de empleo convencionales, lo que podría provocar un cambio de método en ciertas profesiones. Las obligaciones de reciclaje y perfeccionamiento de habilidades son importantes para preparar a las personas para las oportunidades de las misiones futuras.

En el aspecto positivo, la IA puede mejorar la toma de decisiones en los sistemas de justicia, lo cual es esencial para lograr resultados más equitativos. Al analizar grandes conjuntos de datos, la IA puede ayudar a identificar tipos de sesgo e informar sobre modificaciones en las políticas de seguros para promover la igualdad social.

en línea impulsados por inteligencia artificial pueden facilitar el acceso a la justicia a las poblaciones marginadas, brindando información y orientación penal a quienes no tienen recursos económicos para un caso legal.

La capacidad de la IA para analizar grandes conjuntos de datos puede proporcionar a los responsables políticos información sobre problemas sociales y orientar la toma de decisiones políticas basadas en evidencia. Este enfoque basado en datos puede generar programas sociales más eficaces y equitativos.

Los investigadores trabajan activamente en el desarrollo de algoritmos de IA que mitiguen el sesgo y promuevan la equidad. Técnicas como la educación discriminatoria y el aprendizaje consciente de la equidad buscan abordar las consecuencias discriminatorias.

El statu quo de marcos sólidos de gobernanza de la IA, junto con consejos éticos, transparencia y responsabilidad, es esencial para garantizar que la IA sirva a los sueños y valores sociales, promoviendo la igualdad y la justicia social.

La inteligencia artificial posee una enorme capacidad para moldear el destino de la sociedad, y su efecto en la igualdad y la justicia social es multifacético. Si bien existen problemas relacionados con el sesgo, la discriminación y la amplificación de las desigualdades, también existen posibilidades de un intercambio satisfactorio excesivo. El desarrollo responsable de la IA, la diversidad en los grupos de IA y las consideraciones éticas pueden mitigar las consecuencias negativas y mejorar la capacidad de la IA para promover la justicia social. Priorizar la transparencia, la equidad y la inclusión en el despliegue de la IA es crucial para garantizar que su generación contribuya a una sociedad más equitativa y transparente, beneficiando a todas las personas, independientemente de sus antecedentes o circunstancias. Es mediante la adopción reflexiva y consciente de la IA que podemos aprovechar su potencial para abordar los desafíos sociales y crear un mundo más inclusivo y equitativo.

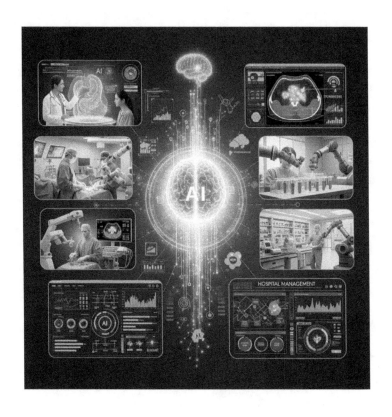

CAPÍTULO 6

Inteligencia artificial y atención sanitaria

6.1 El uso de la inteligencia artificial en la medicina y la atención sanitaria

6.1.1 Aplicaciones de la inteligencia artificial en el diagnóstico y tratamiento de enfermedades

La Inteligencia Artificial (IA) ha revolucionado el campo de la salud, especialmente en el diagnóstico y tratamiento de enfermedades. Su capacidad para analizar grandes cantidades de información, comprender patrones y realizar predicciones ha revolucionado las prácticas médicas, permitiendo diagnósticos más precisos y oportunos, así como planes de tratamiento personalizados. A continuación, profundizamos en los diversos paquetes de IA para el análisis y tratamiento de enfermedades:

Los algoritmos basados en IA pueden examinar imágenes clínicas, incluyendo radiografías, resonancias magnéticas y tomografías computarizadas, con una precisión excepcional. Las estructuras de IA pueden detectar anomalías, ayudar en la detección temprana de enfermedades como el cáncer y guiar a los radiólogos para tomar decisiones más informadas.

Los modelos de IA pueden anticipar el riesgo de que una persona desarrolle enfermedades graves basándose en su historial médico, información genética y factores de estilo de vida. Esta evaluación temprana del riesgo permite intervenciones específicas y medidas preventivas.

La IA puede analizar la información médica y las respuestas terapéuticas de un personaje afectado para sugerir planes de tratamiento personalizados. Este enfoque personalizado se adapta a las versiones del personaje, optimizando la eficacia del tratamiento.

La IA acelera el descubrimiento de fármacos mediante la lectura de grandes conjuntos de datos y la simulación de interacciones farmacológicas. Identifica a los posibles solicitantes de fármacos, acortando el tiempo y los costes necesarios para su desarrollo.

Los asistentes de salud virtuales impulsados por IA ofrecen registros científicos personalizados, recordatorios y control del tratamiento a los pacientes, lo que mejora la accesibilidad y la adherencia a la atención médica.

Los algoritmos de IA son recursos beneficiosos para los patólogos a la hora de analizar muestras de tejido e identificar anomalías celulares, mejorando la precisión del diagnóstico y agilizando los análisis.

Los sistemas de seguimiento impulsados por IA analizan constantemente los registros de los pacientes para detectar síntomas y signos tempranos de deterioro, lo que permite intervenciones oportunas y reduce el riesgo de enfermedades vitales.

La IA brinda ayuda en la toma de decisiones médicas mediante la síntesis de información de pacientes y literatura médica, ayudando a los médicos a tomar decisiones totalmente basadas en evidencia.

Las técnicas de procesamiento del lenguaje natural impulsadas por IA extraen datos relevantes de los EHR, lo que hace que los registros de los pacientes sean más disponibles y facilita los estudios y la evaluación.

La IA permite el seguimiento de pacientes a distancia a través de dispositivos portátiles y sensores, lo que permite a las organizaciones sanitarias monitorear el estado físico de los pacientes en tiempo real e intervenir de forma proactiva.

La IA analiza las estadísticas genómicas para identificar ediciones genéticas asociadas con enfermedades, orientando tácticas de medicina de precisión para remedios personalizados.

La IA puede priorizar la clasificación de pacientes en situaciones de emergencia, optimizando la asignación de recursos y agilizando la atención al paciente.

La IA optimiza el diseño de los ensayos clínicos, identificando las poblaciones de pacientes afectadas adecuadas y prediciendo las respuestas al tratamiento, acelerando a largo plazo el proceso de desarrollo de fármacos.

Los algoritmos impulsados por IA pueden detectar brotes de enfermedades infecciosas mediante la lectura de datos de diversas fuentes, lo que ayuda a las autoridades sanitarias públicas a responder de manera eficaz.

La IA analiza datos de imágenes para extraer características cuantitativas y descubrir marcadores genéticos asociados con enfermedades, lo que facilita planes de tratamiento personalizados.

La inteligencia artificial ha marcado el comienzo de una nueva era de oportunidades en el diagnóstico y tratamiento de enfermedades. Su capacidad para analizar y analizar grandes cantidades de datos clínicos, junto con su potencial para la atención personalizada, ha transformado el panorama sanitario. Desde la evaluación de imágenes científicas hasta el descubrimiento de fármacos, las contribuciones de la IA están moldeando el futuro de la medicina, mejorando la precisión diagnóstica, optimizando las técnicas de tratamiento y optimizando los resultados del paciente. A medida que la IA continúa adaptándose, desempeñará un papel cada vez más crucial en la revolución de las prácticas sanitarias, haciéndolas más ecológicas, accesibles y centradas en el paciente. Sin embargo, es fundamental abordar los problemas éticos y regulatorios, garantizando que la IA se implemente de forma responsable y en consonancia con la privacidad y la protección del paciente.

6.1.2 Cirugía asistida por inteligencia artificial e imágenes médicas

La inteligencia artificial (IA) ha impactado considerablemente el ámbito de la salud, especialmente en las intervenciones quirúrgicas y la imagenología científica. Su integración en las técnicas quirúrgicas y el análisis de imágenes médicas ha revolucionado las prácticas científicas, mejorando la precisión quirúrgica, la exactitud diagnóstica y los resultados en los pacientes.

La IA se ha convertido en una herramienta valiosa para apoyar a los cirujanos en diversas etapas de técnicas complejas. Mediante el uso de estructuras robóticas impulsadas por IA, los cirujanos pueden lograr mayor destreza y precisión, lo que permite métodos quirúrgicos mínimamente invasivos con incisiones más pequeñas y un menor traumatismo para el paciente. La información en tiempo real proporcionada por los sistemas de IA ayuda a los cirujanos a tomar decisiones cruciales durante la cirugía, garantizando una mayor seguridad y resultados exitosos. Además, los algoritmos de IA pueden analizar información preoperatoria e intraoperatoria, lo que facilita la planificación quirúrgica y la predicción de posibles complicaciones.

La IA ha revolucionado la evaluación de imágenes clínicas al proporcionar interpretaciones precisas y ecológicas de diversas modalidades de imagen. Los algoritmos de IA pueden analizar rápidamente imágenes clínicas, como radiografías, resonancias magnéticas y tomografías computarizadas, detectando anomalías y ayudando a los radiólogos a diagnosticar enfermedades. El análisis rápido de imágenes clínicas acelera el proceso de diagnóstico, permitiendo intervenciones y planes de tratamiento oportunos. La IA también facilita la identificación de patrones y funciones sutiles que podrían pasar desapercibidos para el ojo humano, mejorando la precisión diagnóstica y reduciendo el riesgo de diagnósticos erróneos.

La integración de la IA con la imagenología médica ha ampliado su potencial en el análisis de enfermedades y la planificación de tratamientos. Los algoritmos de IA pueden analizar registros de imagenología complejos y extraer funciones cuantitativas, lo que facilita la identificación de marcadores precisos de la enfermedad y los objetivos del tratamiento. Este enfoque, conocido como radiómica y radiogenómica, permite planes de tratamiento personalizados y adaptados a las necesidades de cada paciente. Asimismo, la imagenología clínica impulsada por IA puede contribuir a la detección temprana de enfermedades como el cáncer, considerando intervenciones oportunas y mejores resultados para el paciente.

Las implicaciones futuras de la cirugía y la imagenología médica asistidas por IA son prometedoras. A medida que los algoritmos de IA sigan evolucionando, se prevé que se conviertan en tecnología de vanguardia, mejorando aún más la precisión quirúrgica y la exactitud diagnóstica. La capacidad de la IA para analizar grandes conjuntos de datos y descubrir patrones difusos debería generar descubrimientos revolucionarios en la investigación de enfermedades y el desarrollo de fármacos. Además, la imagenología clínica impulsada por IA podría transformar la forma en que los profesionales clínicos interpretan las imágenes, mejorando la accesibilidad y la comodidad de la atención médica.

A pesar de sus numerosas ventajas, la adopción de la IA en cirugía e imágenes médicas también plantea situaciones inquietantes y preocupaciones éticas. Garantizar la seguridad y la fiabilidad de los algoritmos de IA es fundamental, ya que los diagnósticos o las decisiones quirúrgicas incorrectas también pueden tener consecuencias graves para los pacientes. Además, preservar la privacidad y la seguridad de la información de los pacientes en el contexto de los historiales clínicos generados por IA requiere sólidas medidas de protección y el cumplimiento de las normas de protección de datos.

El tratamiento quirúrgico y la imagenología médica asistidos por IA constituyen un cambio de paradigma en la atención médica. La capacidad de la IA para mejorar la precisión quirúrgica, optimizar la precisión diagnóstica y facilitar planes terapéuticos personalizados es una gran promesa para el futuro de la medicina. Al abordar condiciones preocupantes y cuestiones éticas, la integración responsable de la IA en la atención médica puede liberar toda su capacidad, beneficiando tanto a pacientes como a profesionales médicos. A medida que la era continúa cambiando, la función de la IA en la cirugía y la imagenología médica está lista para impulsar las prácticas sanitarias, marcando el comienzo de una nueva era de medicina de precisión y atención avanzada al paciente.

6.2 El papel de la inteligencia artificial en el descubrimiento de fármacos y la gestión hospitalaria

6.2.1 Innovaciones en el desarrollo de fármacos mediante inteligencia artificial

La inteligencia artificial (IA) está revolucionando el campo del desarrollo de fármacos, ofreciendo soluciones innovadoras para impulsar el descubrimiento y el desarrollo de nuevos compuestos farmacéuticos. Al aprovechar los algoritmos de aprendizaje automático y el modelado predictivo, la IA ha transformado los procesos tradicionales de desarrollo de fármacos, haciéndolos más eficientes y rentables.

La IA desempeña un papel importante en el descubrimiento de fármacos mediante la lectura de grandes cantidades de datos biológicos y químicos. Mediante el cribado virtual impulsado por IA, se pueden identificar candidatos a fármacos potenciales en grandes bibliotecas químicas, lo que acota la búsqueda de compuestos prometedores. Los algoritmos de IA analizan la afinidad de unión de las moléculas con objetivos farmacológicos específicos, acelerando notablemente las etapas iniciales del descubrimiento de fármacos.

La IA permite la personalización de medicamentos mediante la lectura de datos genómicos y la identificación de marcadores genéticos asociados a enfermedades específicas.

Esto permite mejorar las estrategias de recuperación centradas en los perfiles genéticos específicos de cada paciente. La capacidad de la IA para predecir respuestas terapéuticas basadas en datos genéticos complementa la eficacia de los medicamentos y reduce el riesgo de reacciones adversas.

Se emplean algoritmos de IA para identificar nuevos usos potenciales para los fármacos actuales, un proceso conocido como reutilización de fármacos. Mediante el análisis de bases de datos de fármacos y estructuras moleculares, la IA puede respaldar aplicaciones terapéuticas alternativas para fármacos ya aprobados para afecciones específicas. La reutilización de fármacos acelera el proceso de ensayos clínicos y reduce el tiempo y los recursos necesarios para el desarrollo de fármacos.

La IA optimiza el diseño de los ensayos científicos identificando las poblaciones de pacientes adecuadas y prediciendo las respuestas al tratamiento. Al analizar los registros de pacientes y la literatura clínica, la IA ayuda a los investigadores a reclutar a los participantes adecuados y a mejorar el rendimiento general de los ensayos. La IA también puede comprender las preocupaciones sobre la seguridad funcional durante los ensayos, garantizando la seguridad de los pacientes y facilitando una aprobación más rápida de los medicamentos.

El método tradicional de mejora de fármacos consume mucho tiempo y es costoso. Los enfoques basados en IA reducen significativamente el tiempo y los costes necesarios para comprender a los candidatos a fármacos con potencial y optimizar su eficacia. Al optimizar la investigación inicial y descartar a muchos candidatos menos prometedores desde el principio, la IA minimiza el desperdicio de ayuda y acelera el camino hacia una mejora de fármacos exitosa.

La IA permite detectar problemas de protección de la capacidad relacionados con nuevos fármacos candidatos antes de que se inicien los ensayos clínicos. Los algoritmos de IA analizan datos de investigaciones preclínicas, modelos animales y bases de datos relevantes para detectar posibles efectos adversos y riesgos de protección. Este enfoque proactivo complementa la protección de los fármacos y reduce el riesgo de problemas de protección inesperados durante los ensayos en humanos.

La IA fomenta la colaboración entre investigadores y grupos farmacéuticos al facilitar el intercambio y la integración de información. Mediante bases de datos compartidas y plataformas impulsadas por IA, los investigadores pueden acceder a una gran cantidad de información, lo que enriquece el conocimiento colectivo y acelera el desarrollo de fármacos.

Las futuras implicaciones de la IA en el desarrollo de fármacos son considerables. A medida que la tecnología de IA continúa mejorando, conserva el potencial de descubrir tratamientos innovadores para enfermedades complejas que han eludido las técnicas tradicionales. Además, la integración de la IA con diversas tecnologías actuales, como la nanotecnología y la mejora genética, puede abrir nuevas vías para el transporte de fármacos y las estrategias de recuperación genética.

La IA está transformando el panorama del desarrollo de fármacos, presentando soluciones innovadoras para comprender y desarrollar nuevos compuestos farmacéuticos. Desde el descubrimiento de fármacos impulsado por IA hasta el tratamiento personalizado y la reutilización de fármacos existentes, las aplicaciones de la IA son numerosas y de largo alcance. Al acelerar los ensayos clínicos, reducir los costes de desarrollo de fármacos y mejorar la seguridad de los mismos, el desarrollo de fármacos impulsado por IA está a punto de revolucionar la atención médica y ofrecer tratamientos transformadores a pacientes de todo el mundo. A medida que investigadores y agencias farmacéuticas siguen aprovechando el potencial de la IA, el futuro del desarrollo de fármacos ofrece interesantes oportunidades para obtener resultados avanzados en pacientes y el avance de la tecnología científica.

6.2.2 Mejora de la eficiencia hospitalaria y optimización de rutas

La inteligencia artificial (IA) está desempeñando un papel fundamental para mejorar el rendimiento de los hospitales y optimizar diversas estrategias de atención médica. Al aprovechar los algoritmos de IA y el análisis de datos, los hospitales pueden optimizar sus operaciones, mejorar la atención al paciente y optimizar la asignación de recursos.

Las estructuras de triaje de pacientes basadas en IA analizan la información y los síntomas de los pacientes para priorizar los casos según su gravedad. Al identificar rápidamente los momentos críticos, las empresas sanitarias pueden asignar recursos e intereses de forma más eficaz, garantizando un tratamiento oportuno para quienes lo necesitan.

La IA puede automatizar la programación de citas según las preferencias del paciente, la disponibilidad del proveedor de atención médica y la urgencia médica. Esto reduce la carga administrativa y optimiza la asignación del tiempo del personal médico, lo que se traduce en un uso más sostenible de los recursos.

Las estructuras de control de colchones basadas en IA anticipan las altas de pacientes, los precios de ingreso y la disponibilidad de camas. Esto permite a los hospitales planificar proactivamente la atención de los pacientes, reduciendo los tiempos de espera y maximizando la ocupación de camas.

Los algoritmos de IA pueden optimizar las rutas del personal sanitario, que incluye enfermeras y médicos, para minimizar el tiempo de recorrido entre las habitaciones y departamentos de los pacientes. Esto agiliza el flujo de trabajo y permite que los profesionales sanitarios dediquen más tiempo a la atención al paciente.

datos históricos para anticipar las necesidades de dispositivos clínicos y suministros, lo que permite a los hospitales optimizar el control de inventario. Al garantizar la disponibilidad de recursos esenciales, los hospitales pueden evitar la escasez y reducir el desperdicio.

La protección predictiva basada en IA puede predecir desastres en las máquinas antes de que ocurran, lo que permite una seguridad proactiva y reduce el tiempo de inactividad. Esta técnica mejora la durabilidad de los dispositivos clínicos y optimiza la eficiencia del centro de salud.

La IA puede analizar la información médica virtual (HCE) para conocer las tendencias y estilos de vida de los pacientes. Esto ayuda a los profesionales sanitarios a tomar decisiones basadas en la información, lo que se traduce en mejores resultados para los pacientes y planes de tratamiento más ecológicos.

La IA puede monitorear constantemente las constantes vitales de los pacientes y detectar anomalías en tiempo real, generando señales para el personal médico en caso de emergencia. Este sistema de respuesta inmediata mejora la seguridad de los pacientes y reduce el riesgo de actividades perjudiciales.

El análisis predictivo basado en IA permite pronosticar las cuotas de ingreso de pacientes, su agudeza y las necesidades de recursos. Este enfoque basado en datos permite a los directores de hospitales tomar decisiones informadas sobre la dotación de personal y la asignación de recursos.

La IA puede automatizar los métodos de facturación, reduciendo errores y tiempos de procesamiento. Esto mejora la gestión del ciclo de ingresos, garantizando reembolsos oportunos y un equilibrio financiero para los hospitales.

La inteligencia artificial está transformando las operaciones clínicas y la gestión sanitaria mediante un mayor rendimiento positivo y un uso optimizado de los recursos. El triaje de pacientes, la programación de citas y el control de camas impulsados por IA optimizan la atención al paciente y reducen los tiempos de espera. Las rutas optimizadas para el personal sanitario y el mantenimiento predictivo de las herramientas clínicas mejoran el flujo de trabajo y la durabilidad de los dispositivos. La función de la IA en el control de inventario, el análisis de la historia clínica electrónica (HCE) y la monitorización en tiempo real complementa el rendimiento hospitalario global y la seguridad del paciente. Al aprovechar la IA para el análisis predictivo y la facturación automatizada, los hospitales pueden tomar decisiones basadas en datos y garantizar una gestión sencilla del ciclo de ingresos. A medida que la IA continúa mejorando, sus aplicaciones en el ámbito sanitario están preparadas para tener un profundo impacto en las operaciones de los hospitales, la atención al paciente y el panorama general de la salud.

CAPÍTULO 7

Educación e Inteligencia Artificial

7.1 El uso de la inteligencia artificial en la educación y su impacto en el éxito estudiantil

7.1.1 Educación personalizada y sistemas de seguimiento estudiantil

La inteligencia artificial (IA) está revolucionando el ámbito educativo al ofrecer investigación personalizada del aprendizaje y sistemas de seguimiento de alumnos ecológicos. Mediante dispositivos y análisis basados en IA, los educadores pueden atender las necesidades individuales de los estudiantes, optimizar su desarrollo y brindar apoyo específico.

Las estructuras de aprendizaje adaptativas impulsadas por IA analizan las fortalezas y debilidades de los estudiantes universitarios y analizan patrones para diseñar itinerarios de aprendizaje personalizados. Al ofrecer contenido y ritmo personalizados, los estudiantes universitarios pueden progresar a su propio ritmo, mejorando la participación y la retención de información.

Los algoritmos de IA pueden analizar el rendimiento académico de los estudiantes universitarios y las opciones para ofrecer contenido acorde con sus intereses y habilidades. Este enfoque individualizado fomenta un conocimiento más profundo del número de problemas y promueve el aprendizaje activo.

Los sistemas de seguimiento estudiantil basados en IA pueden detectar señales tempranas de dificultades académicas o desconexión. Esto permite a los educadores intervenir de inmediato y ofrecer apoyo específico, evitando que las brechas de aprendizaje se amplíen.

Las herramientas de evaluación basadas en IA pueden generar cuestionarios y tareas personalizadas, lo que facilita la evaluación continua. Los comentarios en tiempo real permiten a los estudiantes universitarios identificar su progreso y áreas de mejora, lo que fomenta una actitud positiva.

Las estructuras de estudio impulsadas por IA pueden adaptarse para satisfacer las necesidades específicas de los estudiantes universitarios con discapacidades o necesidades educativas específicas. Las intervenciones y los alojamientos personalizados fomentan la inclusión y la accesibilidad en la educación.

El análisis de IA puede analizar el desarrollo del rendimiento estudiantil basándose exclusivamente en registros históricos y patrones de comportamiento. Los educadores pueden usar esta información para identificar a los estudiantes universitarios en riesgo de quedarse atrás y aplicar intervenciones para garantizar su éxito.

Las estructuras de monitoreo de alumnos basadas en IA ayudan a optimizar la asignación de recursos al identificar áreas con necesidades educativas específicas o de mayor importancia.

Esto permite a las instituciones académicas asignar recursos estratégicamente para maximizar su impacto.

La IA puede ayudar a los docentes a perfeccionar sus prácticas académicas mediante sugerencias personalizadas de mejora profesional. La información generada por IA puede ayudar a los educadores a optimizar sus metodologías de formación y mantenerse al día con las mejores prácticas.

Los algoritmos de IA pueden comprender a los estudiantes universitarios talentosos y competentes mediante el análisis de su rendimiento y capacidad docente. Esto permite a los educadores nutrirlos y asignarles tareas correctamente.

Los sistemas educativos basados en IA pueden ofrecer recursos complementarios, guías y materiales de aprendizaje a los estudiantes universitarios según sus intereses y aspiraciones. Esto fomenta una cultura de aprendizaje sin restricciones más allá del aula.

Los sistemas de educación personalizada y seguimiento del alumnado impulsados por IA tienen la capacidad de transformar el panorama educativo. Al adaptar las historias de aprendizaje a los objetivos y preferencias individuales de los estudiantes, la IA fomenta la participación, la motivación y el éxito académico. Los sistemas de intervención temprana y guía adaptativa garantizan que ningún alumno quede excluido, promoviendo la inclusión y la equidad en la educación. El análisis predictivo permite a los educadores tomar decisiones basadas en datos, optimizando la asignación de recursos y ofreciendo intervenciones específicas. El papel de la IA en la evaluación continua, los comentarios personalizados y el desarrollo profesional docente complementa las prácticas de formación y los resultados de los estudiantes. A medida que la IA continúa adaptándose, sus programas en desarrollo están preparados para crear un entorno de aprendizaje más eficaz, inclusivo y centrado en el alumno, preparando a los estudiantes universitarios para el éxito en un mundo en constante cambio.

7.1.2 Inteligencia Artificial en Exámenes y Procesos de Evaluación

La inteligencia artificial (IA) está transformando el panorama de las evaluaciones y sus tácticas, revolucionando la forma en que se evalúa a los estudiantes universitarios y proporcionando a los educadores herramientas potentes para mejorar la eficacia y el rendimiento de las evaluaciones. Desde la calificación computarizada hasta la analítica avanzada, las aplicaciones de la IA están transformando el paradigma de la evaluación educativa.

Las estructuras de calificación impulsadas por IA pueden supervisar automáticamente preguntas con múltiples opciones, soluciones rápidas o incluso ensayos. Mediante el procesamiento natural del lenguaje y el aprendizaje automático de algoritmos, la IA evalúa las respuestas de los alumnos de forma precisa y eficaz, ahorrando a los docentes tiempo valioso y reduciendo los errores de calificación.

La IA permite retroalimentación inmediata a los estudiantes universitarios tras completar una evaluación. Esta retroalimentación en tiempo real les permite identificar sus errores y conceptos erróneos al instante, lo que fomenta un conocimiento más profundo del material y promueve una mentalidad de crecimiento.

La IA puede adaptar las evaluaciones a los niveles de experiencia y estilos de lectura de cada estudiante universitario. Los sistemas de evaluación adaptativa modifican el problema y el contenido en función de las respuestas de los estudiantes, garantizando así una correcta evaluación de las habilidades de cada uno.

Los análisis generados por IA ofrecen a los educadores información valiosa sobre el rendimiento y el desarrollo general de los alumnos. Pueden percibir tendencias, analizar los resultados del aprendizaje y analizar la eficacia de las técnicas educativas, lo que facilita la toma de decisiones basada en datos.

Un dispositivo de detección de plagio con inteligencia artificial puede experimentar y observar las obras escritas de los estudiantes universitarios para descubrir casos de plagio. Esto contribuye a mantener la integridad académica y fomenta la originalidad en sus trabajos.

El análisis de IA permite analizar el rendimiento de los estudiantes universitarios en las pruebas de evaluación futuras basándose en su historial y estilos de aprendizaje. Esto ayuda a los educadores a comprender las necesidades individuales de cada alumno y a diseñar intervenciones específicas para su desarrollo.

La IA puede ayudar a reducir el sesgo en las evaluaciones mediante el uso de estándares de calificación estandarizados y objetivos. Esto garantiza una evaluación justa y minimiza el impacto de los factores subjetivos en el sistema de evaluación.

La tecnología de IA puede reforzar la seguridad en los exámenes al detectar y prevenir las trampas. El reconocimiento facial y el análisis de comportamiento garantizan que el alumno correcto presente el examen y que el entorno del examen se mantenga seguro.

La IA permite una evaluación continua, lo que permite a los educadores mostrar el progreso de los estudiantes universitarios en un momento determinado del proceso de aprendizaje. Las evaluaciones periódicas proporcionan información completa sobre las fortalezas y debilidades de los estudiantes, lo que permite intervenciones oportunas.

La IA optimiza la gestión de exámenes mediante la automatización de diversas técnicas, como la programación, la supervisión y la gestión de resultados. Esto reduce la carga administrativa y permite a los docentes centrarse más en la formación y el aprendizaje.

La integración de la inteligencia artificial en las pruebas y las tácticas de evaluación ha transformado la forma en que se evalúa a los estudiantes y la forma en que los educadores utilizan las estadísticas para mejorar la enseñanza y el aprendizaje. La calificación automatizada y los comentarios inmediatos mejoran el rendimiento y la eficacia de las pruebas. La adaptabilidad y personalización de la IA garantizan que las evaluaciones se ajusten a las necesidades y competencias individuales de cada estudiante. La analítica avanzada proporciona a los educadores información valiosa, lo que permite una toma de decisiones basada en datos e intervenciones específicas. Al reducir el sesgo, mejorar la protección y promover la evaluación continua, la IA fomenta evaluaciones fiables, fiables y completas. A medida que la IA continúa mejorando, sus aplicaciones en las pruebas académicas desempeñarán un papel cada vez más importante para promover un enfoque educativo más inclusivo, personalizado y basado en datos.

7.2 Sinergia entre docentes e inteligencia artificial

7.2.1 El papel de la inteligencia artificial en el apoyo y las herramientas para educadores

La inteligencia artificial (IA) está revolucionando el campo de la educación al brindar una valiosa ayuda a los educadores y proporcionar herramientas innovadoras para optimizar las prácticas educativas. Desde planes de estudio personalizados hasta sistemas de tutoría prácticos, las aplicaciones de IA están transformando la forma en que los educadores imparten formación y recursos de aprendizaje para los estudiantes.

Los equipos con IA pueden analizar los registros académicos, las oportunidades de aprendizaje y el desarrollo educativo para crear planes de clase personalizados para cada estudiante. Los educadores pueden adaptar el contenido educativo y las actividades para satisfacer las necesidades de aprendizaje de los estudiantes, garantizando una experiencia de aprendizaje más atractiva y eficaz.

La IA ayuda a los educadores a crear contenido educativo, como cuestionarios, hojas de trabajo y materiales de lectura interactivos. Estos recursos generados por IA se ajustan a los requisitos curriculares y se adaptan a diversos patrones de aprendizaje, ahorrando a los educadores tiempo y esfuerzo en la creación de contenido.

Los sistemas de tutoría basados en IA ofrecen ayuda personalizada a estudiantes universitarios, guiándolos a través de conceptos complejos y brindándoles comentarios instantáneos. Los educadores pueden supervisar el progreso de los estudiantes y comprender las áreas en las que se pueden requerir recursos adicionales.

El análisis de IA ofrece a los educadores información valiosa sobre el rendimiento promedio de los alumnos, sus estilos de lectura y sus áreas de desarrollo. Los educadores pueden usar estos datos para tomar decisiones informadas, optimizar las técnicas de enseñanza e implementar intervenciones específicas.

La IA optimiza el proceso de calificación al automatizar la evaluación de tareas, cuestionarios y exámenes. Esto ahorra tiempo a los docentes en tareas repetitivas, permitiéndoles centrarse más en interactuar con los estudiantes y ofrecer comentarios personalizados.

Los dispositivos de aprendizaje de idiomas con IA pueden ayudar a los estudiantes universitarios en su adquisición lingüística mediante lecciones interactivas, apoyo en la pronunciación y ayuda con la traducción. Estos dispositivos hacen que el aprendizaje de idiomas sea más accesible y atractivo para los estudiantes.

La IA facilita las aulas digitales y los entornos de lectura colaborativa, lo que permite a los educadores interactuar con los estudiantes universitarios en tiempo real, independientemente de su ubicación física. Las herramientas de comunicación basadas en IA mejoran el aprendizaje de estudios en línea.

Un dispositivo de IA puede automatizar diversas tareas administrativas, como la programación, el control de asistencia y la gestión de informes. Esto reduce la carga administrativa de los docentes, permitiéndoles dedicar más tiempo a la formación y la atención a los estudiantes.

La IA ofrece recomendaciones personalizadas de expertos para mejorar, basadas en las fortalezas y áreas de desarrollo de los educadores. Esto les permite perfeccionar continuamente sus habilidades de formación y mantenerse al día con las prácticas académicas más modernas.

Los sistemas de apoyo estudiantil basados en IA pueden identificar a estudiantes universitarios que podrían necesitar ayuda adicional y recomendar intervenciones adecuadas. Los educadores pueden abordar mejor las metas socioemocionales y las situaciones académicas problemáticas de los estudiantes.

Las herramientas de reconocimiento de voz basadas en IA ayudan a los educadores a transcribir y analizar las respuestas de los alumnos durante debates y presentaciones sobre belleza. Estas herramientas facilitan la evaluación formativa y permiten a los educadores evaluar las habilidades de comunicación oral de los alumnos.

Los sistemas de aprendizaje adaptativo basados en IA ofrecen a los estudiantes itinerarios de aprendizaje personalizados según su rendimiento y mejora en el aprendizaje. Los educadores pueden visualizar la participación y el rendimiento de los estudiantes mediante las analíticas de la plataforma.

La posición de la inteligencia artificial en la asistencia y las herramientas para educadores es transformadora y ofrece numerosos beneficios tanto a educadores como a estudiantes universitarios. La IA permite la creación de planes de clase personalizados, la introducción de contenido y la guía de tutoría, fomentando aprendizajes más individualizados y eficaces. Los educadores pueden tomar decisiones basadas en datos, automatizar tareas administrativas y recibir consejos personalizados de desarrollo profesional mediante herramientas impulsadas por IA. Las aulas virtuales, la guía de aprendizaje de idiomas y las herramientas de colaboración mejoran la accesibilidad y la participación académica. Los sistemas de IA permiten a los educadores impartir una formación brillante y proporcionar guías específicas a los estudiantes universitarios, fomentando a largo plazo un entorno educativo más eficiente, inclusivo y vanguardista. A medida que la IA continúa mejorando, su capacidad para dotar de recursos a los educadores y mejorar las prácticas de formación desempeñará un papel fundamental en el futuro de la educación para las futuras generaciones.

7.2.2 Formación de educadores para el futuro con inteligencia artificial

A medida que la inteligencia artificial (IA) continúa transformando el sector de la formación, se vuelve cada vez más esencial dotar a los educadores de los conocimientos y las habilidades cruciales para aprovechar la IA eficazmente en sus prácticas docentes. Formar a los educadores del futuro con IA implica un enfoque integral que aborda tanto la integración de las herramientas de IA en el aula como el desarrollo de la alfabetización en IA de los educadores.

Una educación eficaz en IA comienza con el desarrollo de los conocimientos de los educadores sobre los fundamentos de la IA. Los educadores necesitan comprender las ideas, la terminología y las capacidades principales de la IA para tomar decisiones informadas sobre la integración de dispositivos de IA en sus prácticas educativas.

Es fundamental capacitar a educadores con un enfoque en la ética de la IA. Los educadores deben ser conscientes de las implicaciones morales del uso de la IA en la educación, como la privacidad de la información, los prejuicios y las cuestiones de equidad. Comprender estas preocupaciones morales garantiza un uso responsable y equitativo de la IA en el ámbito escolar.

La experiencia práctica es crucial para que los educadores adquieran confianza en el uso eficaz de las herramientas de IA. Los programas de formación deben brindar oportunidades para que los educadores experimenten con programas de IA, incluyendo estructuras de aprendizaje adaptativo y herramientas de evaluación basadas en IA.

La formación en IA para educadores debe adaptarse a sus necesidades específicas y áreas de dificultad. Los paquetes de desarrollo profesional personalizados garantizan que los educadores adquieran una formación práctica y adaptada a sus obligaciones de formación.

Fomentar la colaboración y el aprendizaje entre pares entre educadores fomenta un entorno propicio para la adopción de la IA. Los educadores pueden compartir sus informes, intercambiar prácticas de calidad y explorar conjuntamente estrategias modernas para aplicar la IA en la educación.

La IA se basa en gran medida en el análisis y la interpretación de la información. Los educadores desean ampliar sus habilidades de alfabetización documental para utilizar eficazmente los análisis y la información generados por la IA con el fin de mejorar la formación y personalizar la investigación del aprendizaje.

El campo de la IA está en constante evolución, y los educadores deben participar en un aprendizaje continuo para mantenerse al día con las tendencias modernas de IA en la educación. El acceso a recursos, seminarios web y comunidades de estudio de expertos puede facilitar el aprendizaje continuo.

La formación en IA para educadores debe incluir orientación sobre la integración de temas relacionados con la IA en el currículo. Los educadores pueden explorar la IA como tema de estudio o incorporar iniciativas y actividades relacionadas con la IA en diversas asignaturas.

Promover una mentalidad de crecimiento entre los educadores los anima a incorporar nuevas generaciones, que incluyen la IA, como oportunidades de crecimiento profesional. Una mentalidad de crecimiento fomenta la disposición a investigar, aprender de los desastres y mejorar constantemente.

La colaboración con profesionales e investigadores de IA puede enriquecer la información de los educadores sobre los paquetes de IA en la educación. Las alianzas pueden facilitar talleres, estudios e intercambio de conocimientos para apoyar las iniciativas de integración de IA de los educadores.

Identificar y fomentar a los líderes de IA entre los educadores puede contribuir a impulsar su adopción en el ámbito docente. Estos educadores pueden contar con mentores y promotores, inspirando a otros a adoptar la IA como una herramienta transformadora en la educación.

Formar a los educadores del futuro con inteligencia artificial es fundamental para garantizar el éxito de la integración de la IA en la formación. Dotar a los educadores de conocimientos sobre IA, experiencia práctica con sistemas de IA y conocimientos de ética de la IA los prepara para utilizarla eficazmente para optimizar la formación y el aprendizaje académico. El desarrollo profesional personalizado, las oportunidades de colaboración y el aprendizaje continuo guían el camino de los educadores hacia la adquisición de habilidades en IA. Al cultivar una actitud de crecimiento y adoptar la IA como herramienta de innovación, los educadores pueden aprovechar su funcionalidad para crear experiencias de aprendizaje atractivas, personalizadas y con futuro para los jóvenes universitarios. A medida que la IA continúa transformando la educación, capacitar a los educadores con formación en IA desempeñará un papel fundamental en la definición del futuro de la formación y el aprendizaje para las generaciones futuras.

CAPÍTULO 8

Inteligencia artificial y arte

8.1 El uso de la inteligencia artificial en el arte y sus contribuciones a los procesos creativos

8.1.1 Arte generado por inteligencia artificial e identidad cultural

La inteligencia artificial (IA) ha abierto nuevas oportunidades en el mundo del arte, incluyendo la aparición de obras de arte generadas por IA. Estas creaciones creativas generadas por computadora han suscitado debates sobre la intersección de la IA, la creatividad y la identidad cultural.

Las obras de arte generadas por IA implican el uso de algoritmos y técnicas de aprendizaje automático para generar creaciones visuales o auditivas. Algunos sistemas de IA son capaces de analizar cantidades considerables de obras de arte existentes y, posteriormente, generar nuevas piezas basadas en estilos y patrones encontrados. Esto plantea interrogantes sobre la naturaleza de la creatividad y si la IA puede considerarse realmente creativa de la misma manera que los artistas humanos.

El arte se ha considerado desde hace mucho tiempo una expresión de identidad cultural. Los artistas humanos suelen inspirarse en sus orígenes culturales, hechos y reseñas, lo que refleja la identidad específica de su arte. Con las obras de arte generadas por IA, surge la pregunta: ¿Pueden las máquinas capturar y expresar la identidad cultural de la misma manera que los artistas humanos?

Una de las aplicaciones de la IA en el arte es replicar los estilos de artistas famosos de culturas y épocas específicas. Los algoritmos de IA pueden analizar la obra de un artista y crear nuevas piezas que imiten su estilo creativo. Si bien esto puede ser sorprendente desde una perspectiva técnica, plantea dudas sobre la autenticidad y la originalidad.

Las obras de arte generadas por IA que se inspiran en tradiciones culturales específicas pueden causar problemas de apropiación cultural. A medida que los sistemas de IA analizan las obras de arte existentes, existe el riesgo de reproducir elementos culturales sin un conocimiento profundo de su significado y contexto, lo que da lugar a tergiversaciones o representaciones insensibles.

Las obras de arte generadas por IA difuminan los límites entre la creatividad humana y la de los dispositivos. Algunos argumentan que las obras de arte con IA representan una nueva forma de expresión creativa, diferente del arte humano, mientras que otros las ven como una extensión de la creatividad humana. El debate sobre la distinción entre las obras de arte humanas y las de IA sigue siendo un tema recurrente en el mundo del arte.

En lugar de reemplazar a los artistas humanos, la IA podría ser una herramienta que los artistas pueden usar para enriquecer su enfoque moderno. Algunos artistas colaboran con sistemas de IA, utilizándolos como asistentes o como recursos de ideas, combinando la visión y la expresión humanas con el talento de los algoritmos de IA.

A medida que las pinturas con IA se vuelven más cotidianas, las consideraciones éticas cobran protagonismo. Las cuestiones de autoría, propiedad y derechos de autor son complejas en lo que respecta al arte generado por IA. Determinar los marcos penales y éticos que rodean el arte con IA sigue siendo una tarea difícil.

Las pinturas generadas por IA ofrecen una fascinante exploración de la conexión entre la tecnología, la creatividad y la identidad cultural. A medida que la IA continúa avanzando, planteará profundas preguntas sobre la naturaleza de las obras de arte, la ubicación de los artistas y el mantenimiento de la identidad cultural en un mundo impulsado por la tecnología. Si bien la IA ha demostrado excelentes capacidades para replicar patrones innovadores, también impulsa importantes debates sobre la autenticidad, la apropiación cultural y el panorama cambiante del arte. La intersección de la IA y la identidad cultural en el arte sigue siendo un tema en constante evolución y que genera desconfianza, y que requiere atención y comunicación continuas dentro del mundo artístico y la sociedad en general.

8.1.2 La colaboración entre artistas e inteligencia artificial en el futuro

El futuro ofrece un potencial excepcional para la colaboración entre artistas e inteligencia artificial (IA), lo que marca el comienzo de una generación moderna de creatividad e innovación en el mundo del arte. A medida que las tecnologías de IA siguen mejorando, los artistas exploran estrategias para aprovechar la IA como una herramienta y un medio eficaces para la expresión artística.

En el futuro, se espera que la IA sirva como un aliado innovador para los artistas, no como un sustituto. Los artistas pueden usar algoritmos de IA para generar ideas, descubrir nuevos patrones ingeniosos y expandir los límites de su creatividad. La IA puede ofrecer perspectivas e ideas brillantes, generando ideas novedosas que los artistas no habrían considerado por sí mismos.

Las vastas capacidades computacionales de la IA permiten a los artistas descubrir nuevas oportunidades creativas que antes eran imposibles. La IA puede procesar grandes cantidades de datos, generar visualizaciones complejas y crear patrones complejos, abriendo camino a la documentación y los testimonios artísticos innovadores.

La colaboración entre artistas e IA podría dar lugar al surgimiento de formas artísticas híbridas que combinen la creatividad humana con factores impulsados por la IA. Estas nuevas formas artísticas también podrían integrar técnicas artísticas tradicionales con contenido generado por IA, desarrollando experiencias creativas precisas e inmersivas.

La capacidad de la IA para investigar e interpretar información puede dar lugar a proyectos artísticos personalizados e interactivos. Los artistas pueden usar algoritmos de IA para adaptar sus creaciones en función de las preferencias, sentimientos u opiniones de los personajes, ofreciendo a los visitantes una experiencia artística más atractiva y personalizada.

Las colaboraciones pictóricas impulsadas por IA tienen la capacidad de abordar situaciones sociales cruciales y generar conversaciones significativas. Los artistas pueden usar la IA para visualizar datos complejos relacionados con temas como el cambio climático, las desigualdades sociales o las crisis sanitarias, haciendo que estos temas sean más accesibles y atractivos para el público.

Colaborar con IA plantea cuestiones éticas y exploraciones conceptuales para los artistas. Estos pueden profundizar en temas problemáticos como el impacto de la IA en la sociedad, la difuminación de las fronteras entre la creatividad humana y la sistémica, y la percepción de autoría y posesión en las obras de arte generadas por IA.

La IA puede contribuir a la preservación de tradiciones ingeniosas y del patrimonio cultural de épocas pasadas. Al analizar y reproducir pinturas de culturas únicas y épocas antiguas, la IA puede ayudar a preservar y promover diversas prácticas artísticas para las generaciones futuras.

La colaboración entre artistas e IA también puede extenderse a la formación artística. La IA puede utilizarse para mejorar la personalización de obras de arte, obtener información sobre evaluaciones, ofrecer comentarios sobre el trabajo de los alumnos y ofrecer herramientas para explorar diversas técnicas y estilos creativos.

La IA puede usar el arte como medio para comunicar su propia información e interpretaciones del sector. El arte generado por IA puede ser una forma para que los sistemas de IA expresen sus conocimientos, percepciones y respuestas emocionales, proporcionando información específica sobre el funcionamiento interno de la IA.

La colaboración entre artistas e inteligencia artificial promete un futuro dinámico y transformador para el arte internacional. A medida que la tecnología de IA avanza, los artistas tienen la oportunidad de descubrir nuevas posibilidades innovadoras, crear documentos artísticos híbridos y abordar situaciones sociales urgentes y preocupantes. La IA puede actuar como un aliado innovador, empoderando a los artistas para superar los límites de su creatividad y ofrecer informes artísticos personalizados e interactivos. Las dimensiones morales y conceptuales de las colaboraciones entre IA y arte seguirán siendo áreas cruciales de exploración, a medida que los artistas abordan cuestiones de autoría, autenticidad y la evolución del papel de la IA en el proceso innovador. La futura colaboración entre artistas e IA ofrece un potencial fascinante para transformar el arte, la generación y la experiencia humana.

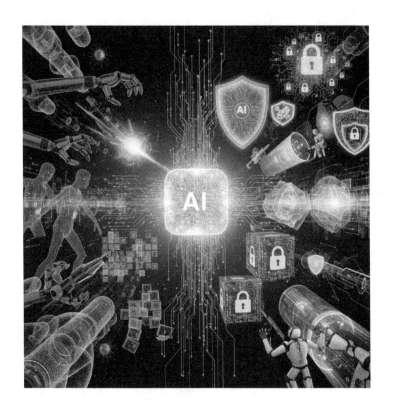

CAPÍTULO 9

Seguridad y privacidad

9.1 Amenazas a la seguridad planteadas por la inteligencia artificial y los mecanismos de defensa

9.1.1 Ataques cibernéticos impulsados por inteligencia artificial y contramedidas

El rápido avance de la inteligencia artificial (IA) no solo ha traído consigo numerosos beneficios, sino que también ha generado nuevos desafíos en el ámbito de la ciberseguridad. A medida que la tecnología de IA se vuelve más innovadora, los ciberatacantes aprovechan estrategias basadas en IA para lanzar ciberataques más complejos y específicos. En respuesta, los profesionales y equipos de ciberseguridad están desarrollando contramedidas innovadoras para protegerse de estas amenazas en constante evolución.

El malware y los ataques de phishing impulsados por IA se han vuelto más modernos y difíciles de detectar. La IA puede analizar grandes cantidades de datos para crear correos electrónicos de phishing convincentes o instalar malware que podría adaptar su comportamiento para evadir las funciones de protección tradicionales.

La IA permite a los ciberatacantes lanzar APT que permanecen indetectables durante largos periodos. Las APT impulsadas por IA pueden analizar de forma autónoma las vulnerabilidades de un objetivo, identificar vectores de ataque adecuados y ocultar actividades maliciosas, lo que las hace extremadamente persistentes y difíciles de contrarrestar.

Los algoritmos de IA pueden utilizarse para automatizar ataques de fuerza bruta contra contraseñas y claves de cifrado. Los ataques impulsados por IA pueden adivinar contraseñas de forma inteligente basándose en patrones y frases comunes, lo que podría comprometer información confidencial.

El contenido deepfake generado por IA puede utilizarse para campañas de desinformación, difundir narrativas falsas o manipular la opinión pública. Estos ataques tienen importantes implicaciones para el equilibrio político y social.

Los ciberataques impulsados por IA pueden eludir las estructuras de detección convencionales al imitar el comportamiento de personas reales, lo que dificulta su distinción. Esto permite a los atacantes pasar desapercibidos durante largos periodos.

Los profesionales de la ciberseguridad están aprovechando la IA para mejorar sus habilidades de detección de amenazas. Los sistemas de detección de anomalías basados en IA pueden identificar patrones y comportamientos inusuales que indican ciberataques, lo que permite respuestas rápidas.

Al aprovechar la biometría del comportamiento impulsada por IA, las corporaciones pueden mostrar constantemente las interacciones de los usuarios para estar al tanto de las anomalías y las amenazas a la protección de capacidades en función del comportamiento individual.

Las soluciones de protección de puntos finales impulsadas por IA pueden detectar y bloquear nuevos ataques de malware y ransomware en tiempo real, protegiendo los puntos finales y los sistemas críticos.

Para combatir los ataques deepfake, los investigadores están desarrollando equipos de detección deepfake basados en IA que podrían detectar contenido manipulado y distinguirlo de los medios legítimos.

Los equipos de respuesta a incidentes impulsados por IA pueden automatizar la evaluación y contención de las amenazas cibernéticas, reduciendo los tiempos de respuesta y minimizando el efecto de los ataques.

Compartir inteligencia sobre riesgos impulsada por IA en algún momento de las empresas y las industrias complementa la capacidad colectiva de identificar y responder eficazmente a las ciberamenazas emergentes.

La combinación del conocimiento humano con equipos impulsados por IA permite a los expertos en seguridad tomar decisiones más informadas y mantenerse un paso por delante de los atacantes impulsados por IA.

Es fundamental que empleados y clientes potenciales reconozcan las ciberamenazas impulsadas por IA. La formación en seguridad permite a los clientes reconocer los intentos de phishing y otras técnicas de ingeniería social.

Las auditorías de seguridad periódicas y los exámenes de vulnerabilidad ayudan a las empresas a tomar conciencia y abordar las debilidades de capacidad de su infraestructura, reduciendo el campo de ataque para los ciberdelincuentes.

El aumento de los ciberataques impulsados por IA plantea situaciones traumáticas considerables para los especialistas y organizaciones de ciberseguridad de todo el mundo. Sin embargo, la implementación proactiva de mecanismos de seguridad basados en IA y la colaboración pueden reforzar la ciberresiliencia y mitigar el impacto de estas amenazas. La detección de riesgos impulsada por IA, la biometría del comportamiento y la detección de deepfakes son solo algunas de las contramedidas que demuestran la capacidad de la IA para protegerse frente a las crecientes ciberamenazas. A medida que el panorama cibernético continúa evolucionando, la investigación, el desarrollo y la innovación continuos pueden ser cruciales para mantenerse a la vanguardia de los ciberatacantes impulsados por IA y garantizar un entorno digital estable para las personas y las organizaciones.

9.1.2 El papel de la inteligencia artificial en la defensa y la seguridad

La inteligencia artificial (IA) está transformando repentinamente el panorama de la defensa y la protección, revolucionando la forma en que las fuerzas militares y las empresas de seguridad actúan y responden a las crecientes amenazas. La integración de la tecnología de la IA promete mejorar el reconocimiento de la situación, optimizar la toma de decisiones y optimizar las habilidades de defensa.

Las estructuras impulsadas por IA pueden analizar enormes cantidades de registros de diversos activos, como imágenes satelitales, redes sociales y redes de sensores, para identificar posibles amenazas y recopilar información crítica. Esto permite la detección de amenazas en tiempo real y la capacidad de alerta temprana, lo que permite a las fuerzas de seguridad responder proactivamente a situaciones que amenazan la seguridad.

La IA desempeña un papel fundamental en el desarrollo de sistemas autónomos y robóticos, permitiendo que vehículos autónomos, drones y robots desempeñen diversas funciones, como reconocimiento, vigilancia y logística. Los sistemas autónomos reducen los riesgos para los empleados humanos y ofrecen capacidades de proyecto más atractivas.

La IA es esencial para prevenir ciberamenazas y proteger redes e infraestructuras esenciales. Los equipos de ciberseguridad basados en IA pueden detectar y responder rápidamente a ciberataques, detectar anomalías y fortalecer las defensas ante amenazas en constante evolución como malware, ransomware y amenazas persistentes avanzadas (APT).

Los algoritmos de IA pueden examinar estilos y disposiciones en los hechos para anticipar posibles actividades terroristas o detectar formas de radicalización. Esto permite a los equipos de seguridad tomar medidas preventivas e impedir complots terroristas antes de que se lleven a cabo.

La IA mejora los métodos de identificación y autenticación biométrica, como el reconocimiento facial, el escaneo de huellas dactilares y el reconocimiento de voz. Estas tecnologías facilitan el acceso a las medidas gubernamentales y contribuyen a una mejor protección fronteriza y a la aplicación de la ley.

Los algoritmos de protección predictiva impulsados por IA pueden anticipar fallas de los dispositivos y optimizar los cronogramas de protección, reduciendo el tiempo de inactividad y mejorando el rendimiento del sistema de protección y los activos.

El procesamiento del lenguaje natural (PLN) basado en IA permite la evaluación automática de grandes cantidades de información textual, incluyendo inteligencia de código abierto, artículos periodísticos y análisis. Esto permite a los analistas de inteligencia extraer información valiosa e investigar la opinión o credibilidad de las estadísticas.

La IA ayuda al personal militar y de seguridad a tomar decisiones informadas mediante información basada en datos y simulaciones de situaciones. Las estructuras de guía de decisiones mejoran la conciencia situacional y las respuestas manuales eficaces ante situaciones dinámicas y complejas.

Las tecnologías de IA, como la visión artificial y la detección de objetos, refuerzan las iniciativas de protección y vigilancia fronteriza. Los sistemas de vigilancia basados en IA pueden monitorizar fronteras, puertos e infraestructuras vitales, identificando amenazas a la capacidad y actividades no autorizadas.

La IA desempeña una función importante en la respuesta ante catástrofes y la asistencia humanitaria, facilitando la evaluación rápida de daños, la asignación de recursos y la coordinación de las iniciativas de ayuda. Se pueden desplegar drones y robots con IA para acceder e identificar zonas de difícil acceso.

El papel de la inteligencia artificial en la protección es transformador, dotando a las fuerzas armadas y organizaciones de protección de capacidades superiores para afrontar situaciones complejas, cambiantes y exigentes. Desde la detección de riesgos y el análisis de inteligencia hasta la ciberseguridad, los sistemas imparciales y el análisis predictivo, la IA mejora la eficiencia, la eficacia y la agilidad de las operaciones de protección. A medida que la generación de IA se mantiene en cumplimiento, la investigación continua, el desarrollo y los aspectos éticos son cruciales para garantizar que la IA se implemente de forma responsable y en consonancia con las normas internacionales y los estándares de derechos humanos. Aprovechar el potencial de la IA, al tiempo que se abordan sus desafíos, puede ser fundamental para aprovechar el potencial general de la inteligencia artificial en beneficio de las iniciativas de defensa y protección internacionales.

9.2 La relación entre la inteligencia artificial y la ciberseguridad

9.2.1 Herramientas de ciberseguridad mejoradas con inteligencia artificial

En el panorama en constante evolución de las amenazas de ciberseguridad, la combinación de inteligencia artificial (IA) ha revolucionado el panorama. Las herramientas de ciberseguridad mejoradas con IA están transformando la forma en que las empresas detectan, protegen y responden a los ciberataques. Estas soluciones inteligentes aprovechan algoritmos de IA para analizar grandes cantidades de datos, identificar patrones y detectar amenazas de capacidad con una velocidad y precisión inigualables.

Los equipos de ciberseguridad basados en IA son excelentes para detectar amenazas avanzadas y previamente desconocidas. Al rastrear constantemente las visitas a sitios web comunitarios, los registros de dispositivos y el comportamiento de los usuarios, estos equipos pueden detectar patrones anómalos que podrían indicar actividad maliciosa. Esta técnica proactiva permite a las empresas abordar las amenazas a la capacidad antes de que puedan causar daños importantes.

Los dispositivos de ciberseguridad basados en IA utilizan evaluaciones de comportamiento para crear perfiles de usuarios y detectar desviaciones del comportamiento habitual. Estos dispositivos pueden detectar intentos de acceso no autorizado, amenazas internas y otras actividades sospechosas basándose en desviaciones de los patrones de usuario establecidos.

Las herramientas de ciberseguridad basadas en IA ofrecen capacidades de reacción ante incidentes en tiempo real. Al detectar un riesgo de capacidad, la IA puede activar respuestas automáticas, como bloquear direcciones IP sospechosas, aislar dispositivos comprometidos o poner en cuarentena archivos infectados con malware.

Los algoritmos de IA son excelentes para identificar tipos de malware nuevos y en evolución, además de amenazas polimórficas y de día cero. Estas herramientas pueden detectar malware basándose en tendencias de comportamiento e impedir su ejecución, incluso antes de que las soluciones antivirus tradicionales basadas en firmas actualicen sus bases de datos.

Las herramientas de ciberseguridad basadas en IA refuerzan las defensas contra ataques de phishing y técnicas de ingeniería social. La IA puede analizar el contenido de los correos electrónicos y el comportamiento del remitente para detectar intentos de phishing, impidiendo que los usuarios sean víctimas de estafas.

El análisis de protección basado en IA puede anticipar las ciberamenazas basadas en estadísticas históricas y tendencias actuales. Este método predictivo permite a las organizaciones asignar recursos de forma más eficaz, priorizar las funciones de seguridad y abordar proactivamente las amenazas emergentes.

Los equipos de ciberseguridad más adecuados para la IA pueden descubrir actividades de red inusuales, como el escaneo de puertos, la exfiltración de datos o los ataques de denegación de servicio distribuido (DDoS). Al analizar el tráfico de la red en tiempo real, la IA puede detectar anomalías y activar indicadores de seguridad.

Los algoritmos de IA pueden mejorar la protección de los endpoints mediante la lectura del comportamiento de los dispositivos y la identificación de indicios de vulnerabilidad o acceso no autorizado. Este nivel de monitorización de endpoints garantiza una mejor protección contra malware e intrusiones no autorizadas.

Los equipos de ciberseguridad basados en IA pueden responder de forma autónoma a incidentes de seguridad de bajo nivel, liberando a las agencias de seguridad de sus tareas habituales. Esto permite a los profesionales humanos centrarse en situaciones de ciberseguridad más complejas y estratégicas.

Los dispositivos de ciberseguridad más adecuados para la IA analizan continuamente nuevos datos y adaptan sus modelos para anticiparse a las amenazas en constante evolución. Este conocimiento de capacidad, adquirido por sí mismo, permite a la IA adaptar y mejorar sus capacidades de detección y respuesta con el tiempo.

Las herramientas de ciberseguridad optimizadas para la IA han revolucionado la forma en que las empresas protegen sus activos digitales y datos confidenciales. La integración de algoritmos de IA proporciona una detección de riesgos superior, respuesta a incidentes en tiempo real y análisis predictivo de seguridad, lo que permite a las organizaciones protegerse proactivamente contra las ciberamenazas. A medida que los ciberataques se vuelven cada vez más avanzados, las soluciones basadas en IA desempeñan un papel fundamental para mantenerse al día con el panorama de riesgos en constante evolución. Al aprovechar el poder de la IA, las empresas pueden reforzar su estrategia de ciberseguridad, mejorar sus capacidades de defensa y estar un paso por delante de los ciberatacantes. Sin embargo, si bien la IA ofrece un gran potencial en ciberseguridad, es fundamental garantizar un uso responsable y ético, incluyendo la gestión de sesgos de capacidad y problemas de privacidad. Un enfoque equilibrado para la integración de la IA, combinado con el conocimiento de profesionales expertos en ciberseguridad, puede ser clave para desarrollar un entorno digital resiliente y sólido ante la evolución de las ciberamenazas.

9.2.2 Seguridad de datos y cifrado con inteligencia artificial

La protección de datos es una tarea fundamental tanto para organizaciones como para personas en la era digital actual.

Con el volumen cada vez mayor de registros y la creciente sofisticación de las ciberamenazas, la función de la inteligencia artificial (IA) en la protección y el cifrado de datos se ha vuelto fundamental para salvaguardar la información confidencial. Las soluciones basadas en IA ofrecen métodos modernos para mejorar la seguridad de los datos, optimizar las estrategias de cifrado y responder a los crecientes desafíos de seguridad.

La IA desempeña una función crucial en la identificación y mitigación de amenazas a la seguridad de los registros de capacidad. Las soluciones de detección de riesgos basadas en IA examinan constantemente el tráfico de la red, el comportamiento de los usuarios y los registros de los dispositivos para identificar patrones que indiquen ciberataques o filtraciones de datos. Este seguimiento en tiempo real permite respuestas rápidas a incidentes de seguridad.

Los algoritmos de IA pueden detectar anomalías en la información obtenida directamente de los patrones de acceso y el comportamiento del usuario, lo que ayuda a detectar intentos de acceso no autorizado y amenazas internas. Al establecer un comportamiento de referencia, las estructuras optimizadas por IA pueden detectar rápidamente actividades inusuales y alertar a las agencias de seguridad sobre riesgos de seguridad.

El análisis de protección de datos basado en IA aprovecha el conocimiento de los dispositivos para predecir brechas o vulnerabilidades de seguridad basadas en datos históricos y tendencias emergentes. Esta información predictiva permite tomar medidas proactivas para mejorar la seguridad de los datos y prevenir posibles amenazas.

La IA puede optimizar el control de claves de cifrado, garantizando la estabilidad de la tecnología, la distribución y la rotación de las claves. Las estructuras basadas en IA pueden automatizar las tareas de control de claves, reduciendo los errores humanos y mejorando la protección general de los registros cifrados.

La generación de IA contribuye al desarrollo de algoritmos de cifrado más robustos, lo que dificulta cada vez más que los adversarios descifren datos cifrados. La IA puede estudiar técnicas de cifrado modernas, detectar debilidades y recomendar mejoras para una mayor seguridad de la información.

Dado que la computación cuántica ofrece una oportunidad funcional a las estrategias de cifrado tradicionales, la IA puede utilizarse para ampliar las estrategias de cifrado resistentes a la computación cuántica. La IA puede ayudar a explorar soluciones de criptografía cuántica avanzada que se mantengan consistentes incluso ante los avances de la computación cuántica.

La IA puede facilitar el acceso y el intercambio regular de estadísticas mediante la autenticación multifactor y los controles de acceso. Los sistemas impulsados por IA pueden revelar información sobre los derechos de acceso y modificar dinámicamente los privilegios de acceso según las normas de conducta y seguridad del usuario.

Las soluciones DLP basadas en IA ayudan a prevenir la fuga de información y las transferencias no autorizadas de registros. Al analizar los estilos y el contenido de uso de datos, la IA puede acceder a ellos y bloquear los intentos de exfiltrar información confidencial, lo que reduce el riesgo de vulneraciones de datos.

La IA puede reforzar la protección de endpoints detectando y mitigando amenazas a nivel de herramienta. Las soluciones de protección de endpoints basadas en IA monitorean el comportamiento de los dispositivos y comprenden las señales de vulnerabilidad, lo que proporciona una capa adicional de protección contra las ciberamenazas.

La IA contribuye a mejorar la protección en la nube al identificar y abordar vulnerabilidades de capacidad en entornos de nube. Las soluciones de seguridad en la nube basadas en IA inspeccionan constantemente las configuraciones y actividades en la nube para garantizar la seguridad de los datos almacenados.

La inteligencia artificial está revolucionando las prácticas de protección y cifrado de la información, permitiendo a las organizaciones proteger su información confidencial de las ciberamenazas en constante evolución. Desde la detección de riesgos impulsada por IA y el análisis predictivo hasta los algoritmos de cifrado avanzados y la criptografía cuántica, la contribución de la IA a la seguridad de las estadísticas es profunda. La integración de la IA en las funciones de seguridad de las estadísticas mejora la eficacia de las estrategias de cifrado, fortalece el acceso a los controles y permite a las organizaciones responder con rapidez a los incidentes de seguridad. Sin embargo, a medida que la IA continúa creciendo, es fundamental abordar los problemas éticos de capacidad y garantizar una implementación responsable de la IA en las prácticas de seguridad de la información. Al aprovechar el potencial de la IA y combinarlo con el conocimiento de los especialistas en ciberseguridad, las organizaciones pueden establecer un marco de seguridad de datos sólido y resiliente, protegiendo su valiosa información en un mundo cada vez más conectado y digitalizado.

CAPÍTULO 10

El futuro de la inteligencia artificial

10.1 Los desarrollos potenciales y esperados de la inteligencia artificial en el futuro

10.1.1 Predicciones para el futuro de la inteligencia artificial

A medida que la inteligencia artificial (IA) continúa mejorando rápidamente, el futuro ofrece emocionantes oportunidades y cambios en las capacidades de diversas industrias y aspectos de la vida humana. Si bien es difícil predecir la trayectoria ideal del desarrollo de la IA, especialistas e investigadores han diagnosticado numerosas tendencias y predicciones que podrían moldear el futuro de la inteligencia artificial.

Los investigadores se proponen desarrollar la IA general, también conocida como Inteligencia Artificial General (IAG), que se refiere a sistemas de IA con inteligencia y capacidades similares a las humanas. La IAG podría ser capaz de reconocer, analizar y realizar una amplia gama de tareas a nivel humano, lo que representa un hito fundamental en el desarrollo de la IA.

Se espera que la automatización impulsada por IA revolucione diversas industrias, principalmente para aumentar la productividad y el rendimiento. Desde la producción y la logística hasta la atención médica y las finanzas, es probable que la automatización impulsada por IA transforme la forma en que trabajamos y hacemos negocios.

Los avances en PNL generarán información lingüística más sofisticada y un intercambio verbal más eficaz entre seres humanos y estructuras de IA. Este desarrollo impulsará el desarrollo de asistentes digitales, chatbots y herramientas de traducción de idiomas más avanzados.

A medida que la IA se generalice, se intensificará la atención al desarrollo ético de la IA. Los esfuerzos para garantizar la equidad, la transparencia y la responsabilidad en los algoritmos de IA y los sistemas de toma de decisiones se vuelven cruciales para abordar posibles sesgos e implicaciones sociales.

Se prevé que la IA desempeñe un papel fundamental en la revolución de la atención médica y la medicina. El diagnóstico médico basado en IA, el descubrimiento de fármacos, los planes de tratamiento personalizados y el seguimiento remoto de pacientes son, sin duda, algunas de las áreas con mayor potencial de futuro.

Se prevé que el arte, la música y la literatura generados por IA se popularicen, difuminando las fronteras entre la creatividad humana y la IA. La IA también podría contribuir a proyectos artísticos colaborativos, donde artistas humanos trabajan junto con sistemas de IA para crear obras maestras únicas.

Es probable que la IA desempeñe un papel fundamental en las evaluaciones analíticas personalizadas y adaptativas, adaptando la formación a las necesidades individuales de los estudiantes universitarios y adquiriendo conocimiento de patrones. Los sistemas de tutoría basados en IA y los equipos educativos inteligentes son cada vez más populares.

Los avances en las tecnologías de IA acelerarán la mejora y la adopción de vehículos autónomos, transformando así la industria del transporte. Se prevé que los coches y furgonetas autónomos sean cada vez más comunes en las carreteras, revolucionando la movilidad y la logística.

La IA se utilizará cada vez más para fortalecer las competencias humanas, permitiendo a las personas desempeñar sus responsabilidades con mayor eficacia. La colaboración entre humanos e IA se vuelve más común en campos como la medicina, la ingeniería y la medicina.

El desarrollo de la computación cuántica también podría generar avances en IA, desbloqueando nuevas capacidades y resolviendo problemas complejos a gran escala. Se espera que la IA cuántica tenga un profundo impacto en numerosos programas de IA.

La IA probablemente desempeñará un papel crucial para abordar las condiciones preocupantes del cambio climático. Las soluciones basadas en IA pueden optimizar el consumo energético, anticipar fenómenos meteorológicos intensos y contribuir al diseño de ciudades e infraestructuras más sostenibles.

La tecnología de IA será útil para las misiones de exploración espacial, permitiendo naves espaciales autosuficientes, exploradores inteligentes y análisis avanzado de datos para descubrimientos médicos más allá de la Tierra.

El futuro de la inteligencia artificial es prometedor, con mejoras en la IAG, automatización extendida y avances en el procesamiento del lenguaje natural. Los problemas éticos y el desarrollo responsable de la IA seguirán siendo cruciales a medida que la IA se integre cada vez más en nuestra vida cotidiana. La capacidad de la IA para revolucionar la salud, la educación, el transporte y otras industrias ofrece emocionantes oportunidades de desarrollo y un poderoso impacto social. A medida que la era de la IA se adapta, la colaboración entre investigadores, legisladores y líderes empresariales será crucial para forjar el futuro de la IA de una manera que beneficie a la humanidad y aborde posibles desafíos.

10.1.2 Los límites y las posibles direcciones de la inteligencia artificial

La inteligencia artificial (IA) ha logrado avances extraordinarios en los últimos años, pero aún existen obstáculos fáciles que limitan sus capacidades de vanguardia. De cara al futuro, surgen numerosas directrices viables para el desarrollo de la IA.

Actualmente, la IA se limita básicamente a la IA estrecha, que se refiere a sistemas de IA diseñados para tareas específicas, como la representación de imágenes o el procesamiento del lenguaje natural. La IA general, sin embargo, puede tener una inteligencia y versatilidad similares a las humanas, pero lograrlo sigue siendo una tarea enorme.

El avance de la IA aumenta las preocupaciones morales, junto con el sesgo en los algoritmos, los problemas de privacidad y el impacto potencial en el empleo. Garantizar que la IA sea avanzada y se implemente de forma responsable y ética es fundamental para abordar estos problemas.

Si bien la IA puede generar obras de arte, música y literatura maravillosas, lograr una verdadera creatividad y experiencia emocional a nivel humano sigue siendo una cuestión abierta.

La IA carece de reconocimiento y autorreconocimiento. La cuestión de si la IA puede desarrollar la concentración o el conocimiento real de su propia vida sigue siendo un debate filosófico.

La IA seguirá destacando en ámbitos limitados, con mejoras continuas en campos como el procesamiento del lenguaje natural, la visión artificial y la robótica. Estas tendencias también podrían tener profundas implicaciones para diversas industrias, como la salud, las finanzas y la producción.

La popularidad del desarrollo de una IA moral se reforzará con los esfuerzos por abordar los sesgos, vender transparencia y establecer sugerencias para un uso responsable de la IA.

La IA trabajará cada vez más con las personas como socios colaboradores, ampliando las competencias humanas en diversos campos. Esta colaboración resultará en una resolución de problemas más eficiente y eficaz.

Existe una creciente demanda de sistemas de IA que ofrezcan argumentos para sus decisiones, especialmente en programas importantes como la salud y las finanzas. Los investigadores trabajarán en el desarrollo de modelos de IA que puedan proporcionar un razonamiento claro que sustente sus resultados.

La combinación de IA y computación cuántica también puede abrir nuevas posibilidades para solucionar problemas complejos y optimizar los algoritmos de IA.

Los investigadores seguirán investigando la Inteligencia Artificial General (IAG), cuyo objetivo es crear sistemas de IA con capacidades cognitivas similares a las humanas. Sin embargo, el desarrollo de la IAG sigue siendo incierto y representará una gran tarea para el futuro.

Es probable que la IA desempeñe un papel cada vez más destacado en la exploración espacial, ayudando en la navegación espacial autónoma, el análisis de datos y la toma de decisiones en entornos remotos y difíciles.

La IA se puede aprovechar para abordar situaciones exigentes en el ámbito del cambio climático, como optimizar el consumo de energía, predecir patrones climáticos y ayudar en el modelado climático.

Si bien la IA ha logrado avances impresionantes, es vital comprender los límites que actualmente definen sus capacidades. La IA limitada domina el sector, y alcanzar la IA general y la inteligencia artificial real a nivel humano sigue siendo un reto lejano. Los problemas éticos guiarán el desarrollo de la IA para garantizar un uso responsable y beneficioso. De cara al futuro, la IA seguirá mejorando en ámbitos específicos, y la colaboración entre humanos e IA se volverá más común. Los investigadores descubrirán nuevas fronteras, como la IA cuántica y la IAG, y la capacidad de la IA para la exploración espacial y las soluciones alternativas al cambio climático podrá aprovecharse en beneficio de la humanidad. A medida que navegamos por el futuro de la IA, lograr el equilibrio adecuado entre el desarrollo tecnológico y los problemas éticos será esencial para que su impacto en la sociedad sea excepcional y transformador.

10.2 Desafíos en la relación entre la humanidad y la inteligencia artificial

10.2.1 El papel de la ética y su importancia en el futuro

La ética desempeña un papel fundamental en la configuración del futuro de la era, especialmente en campos como la inteligencia artificial (IA). A medida que la IA continúa mejorando y se integra cada vez más en diversos aspectos de nuestras vidas, las preocupaciones éticas en torno a su desarrollo, implementación y uso se vuelven más cruciales que nunca. El papel de la ética en el futuro de la IA es multifacético y abarca tanto el desarrollo responsable de la tecnología de IA como su impacto en la sociedad.

Las publicaciones sobre ética abordan la mejora de la tecnología de IA de forma que se ajuste a los valores humanos y respete los derechos humanos. La mejora ética de la IA consiste en abordar los sesgos en los algoritmos de IA, garantizar la transparencia en las estrategias de toma de decisiones y promover la equidad y la responsabilidad en los sistemas de IA.

Las preocupaciones éticas exigen que los programas de IA se diseñen para evitar daños a las personas y a la sociedad. Garantizar la protección y seguridad de los sistemas de IA es crucial, especialmente en ámbitos vitales como la atención médica, los vehículos autónomos y la ciberseguridad.

La IA suele depender de grandes cantidades de información, lo que genera inquietudes sobre la privacidad y la protección de datos. Los marcos de IA éticos priorizan la protección de datos personales y promueven mecanismos de consentimiento fluidos para el uso de datos.

Los algoritmos de IA pueden perpetuar inadvertidamente los sesgos presentes en los datos con los que se informan, lo que da lugar a resultados injustos. El desarrollo ético de la IA implica mitigar activamente los sesgos y garantizar la imparcialidad en la toma de decisiones de la IA, especialmente en aplicaciones como la contratación, los préstamos y la justicia penal.

Las estructuras de IA éticas están diseñadas para ser transparentes y fundamentar sus decisiones. Los usuarios deberían comprender cómo la IA llegó a una conclusión específica, especialmente en contextos críticos como el análisis de la atención médica o la aprobación de hipotecas.

La ética enfatiza la importancia de la colaboración entre humanos e IA, donde la IA sirve como herramienta para enriquecer el talento humano en lugar de reemplazarlo. El desarrollo ético de la IA busca empoderar a las personas y optimizar la toma de decisiones, en lugar de reducir la autonomía humana.

La IA ética considera el impacto social más amplio de las tecnologías de IA y promueve el desarrollo inclusivo. Considera los numerosos anhelos de diversos grupos y se esfuerza por crear estructuras de IA que beneficien a todos los segmentos de la sociedad.

La ética exige una gobernanza y una regulación sólidas de la generación de IA para garantizar un uso responsable y transparente. Los responsables políticos y las partes interesadas deben colaborar para establecer marcos que equilibren la innovación y las cuestiones éticas.

El desarrollo ético de la IA es un método iterativo que implica evaluación y desarrollo continuos. A medida que la tecnología de IA evoluciona, los problemas éticos deben adaptarse para abordar nuevas situaciones exigentes y riesgos de capacidad.

La IA ética fomenta la aceptación y la confianza entre los clientes y las partes interesadas. Cuando los sistemas de IA se desarrollan teniendo en cuenta los estándares morales, es más probable que las personas incluyan y adopten estas tecnologías.

Los problemas éticos ayudan a descubrir y abordar los resultados no deseados de la implementación de la IA, mitigando posibles influencias negativas en los individuos y la sociedad.

Al priorizar la ética, la mejora de la IA puede ser más sostenible y responsable, garantizando que las actualizaciones de la IA estén en armonía con los valores y los sueños de la sociedad.

La mejora ética de la IA protege los derechos humanos fundamentales, incluida la privacidad, la dignidad y la autonomía, promoviendo un enfoque de la tecnología centrado en el ser humano.

El desarrollo ético de la IA contribuye a la viabilidad a largo plazo de la tecnología de la IA. Abordar las exigencias éticas de forma directa permite que la IA se convierta en una fuente de gran valor para la humanidad a largo plazo.

La ética desempeña un papel crucial en la configuración del futuro de la inteligencia artificial. El desarrollo responsable de la IA, su protección, privacidad, equidad y transparencia son aspectos esenciales para garantizar que la tecnología de IA beneficie a la sociedad, minimizando al mismo tiempo los posibles daños. Enfatizar la ética en el desarrollo de la IA no es solo una cuestión ética, sino también una decisión estratégica para fomentar la confianza, fomentar la belleza y crear sistemas de IA que realmente impacten a las personas y a la sociedad en general. A medida que las tecnologías de IA sigan evolucionando, el compromiso con los principios éticos será clave para guiar su papel en la construcción de un futuro mejor, más inclusivo y sostenible para todos.

10.2.2 Controlar y ser responsable con la Inteligencia Artificial

A medida que la inteligencia artificial (IA) continúa desarrollándose e integrándose en diversos aspectos de nuestra vida, se vuelve crucial ejercer control y actuar con responsabilidad en su desarrollo e implementación. El poder y el potencial de la IA ofrecen tanto beneficios como inconvenientes, lo que hace crucial su desarrollo responsable para garantizar su impacto excepcional en la sociedad.

Establecer marcos éticos de IA es fundamental para guiar el desarrollo y el uso de las tecnologías de IA. Estos marcos deben incorporar requisitos relacionados con la equidad, la transparencia, la responsabilidad, la protección de la privacidad y la minimización de sesgos para garantizar que la IA funcione en consonancia con los valores humanos y respete los derechos de las personas.

Los sistemas de IA deben diseñarse para proporcionar procedimientos transparentes de toma de decisiones. Los usuarios y las partes interesadas desean comprender cómo la IA llega a sus conclusiones para recordar y obtener sus resultados. Las metodologías de IA explicables ayudan a ofrecer justificaciones claras para las decisiones de IA.

Mantener la supervisión y la gestión humanas de los sistemas de IA es fundamental para evitar resultados no deseados y sesgos de capacidad. Si bien la IA puede automatizar las obligaciones, las personas deben mantenerse al tanto para validar los efectos, interpretar el contexto e intervenir cuando sea crucial.

Los gobiernos y los responsables políticos desempeñan un papel fundamental en la creación de marcos regulatorios y normativos sólidos para la IA. Estos marcos deben abordar cuestiones como la privacidad de los datos, la responsabilidad algorítmica, los requisitos de seguridad y la responsabilidad legal para garantizar un uso responsable de la IA.

Los algoritmos de IA deben someterse a un riguroso proceso de selección y validación para detectar y mitigar los sesgos. El sesgo en las estructuras de IA puede perpetuar las desigualdades y la discriminación actuales, por lo que es fundamental abordar estos sesgos para garantizar la equidad y la inclusión.

Controlar la IA implica priorizar la protección. Los sistemas de IA deben estar diseñados para localizar y mitigar posibles vulnerabilidades y proteger contra ataques adversos.

La tecnología de IA debe estar a la vanguardia del seguimiento y la evaluación continuos. Las auditorías y pruebas periódicas ayudan a identificar riesgos de capacidad y situaciones exigentes, considerando las actualizaciones necesarias.

Las partes interesadas de diversos ámbitos, como el mundo académico, la industria, los gobiernos y la sociedad civil, deben colaborar para impulsar el desarrollo y el uso responsable de la IA. Estas alianzas garantizan que se tengan en cuenta diversas perspectivas e información.

Educar a desarrolladores, usuarios y legisladores sobre prácticas responsables de IA es fundamental. Aumentar el reconocimiento de las ideas éticas sobre IA y su aplicación facilita la creación de un conocimiento compartido sobre su potencial y sus desafíos.

Ser responsable con la IA implica considerar su impacto social más amplio. Las partes interesadas deben analizar las implicaciones de la implementación de la IA para las personas, las agencias y las diversas industrias, garantizando que la IA beneficie a la sociedad en su conjunto.

La IA debe desarrollarse de forma inclusiva, considerando diversas perspectivas y necesidades. Garantizar la representación de empresas y grupos demográficos específicos permite abordar los sesgos y crear estructuras de IA que satisfagan a todos los clientes.

Las tecnologías de IA deben implementarse de forma responsable, considerando los riesgos y beneficios de la capacidad. Un enfoque cuidadoso es crucial, especialmente en aplicaciones de alto riesgo como la salud, las finanzas y las infraestructuras esenciales.

Controlar y ser responsable con la inteligencia artificial es vital para aprovechar su potencial de forma más adecuada. Los marcos éticos de IA, la transparencia, la supervisión humana y las directrices regulatorias son componentes esenciales para forjar el futuro de la IA. A medida que la tecnología de IA se adapta, los esfuerzos colectivos de las partes interesadas, junto con la investigación continua y las preocupaciones éticas, serán clave para garantizar su impacto positivo en la sociedad, a la vez que se mitigan los riesgos de capacidad y las situaciones desafiantes. El desarrollo y la implementación responsables de la IA allanan el camino para un futuro donde la tecnología de IA funcione en armonía con las personas, mejorando nuestras capacidades y nuestras vidas de forma responsable y sostenible.

10.3 Dando forma al futuro con inteligencia artificial

10.3.1 Las transformaciones sociales, económicas y culturales impulsadas por el uso de la Inteligencia Artificial

La Inteligencia Artificial (IA) ha emergido como una fuerza transformadora, generando cambios significativos en numerosos aspectos de la sociedad, la economía y el estilo de vida. A medida que la era de la IA avanza, su impacto en estos ámbitos se vuelve más conocido, moldeando el mundo en el que vivimos.

La IA está transformando el mercado de procesos mediante la automatización de tareas repetitivas y el aumento del talento humano. Si bien crea nuevas oportunidades de negocio en campos relacionados con la IA, también aumenta la preocupación por la deslocalización de tareas y la necesidad de mejorar y reciclar las habilidades del personal.

La IA está revolucionando la atención médica con diagnósticos avanzados, planes de tratamiento personalizados y el descubrimiento de fármacos. Los dispositivos clínicos impulsados por IA y las estructuras de seguimiento remoto de pacientes están mejorando los resultados de los pacientes y el acceso a una atención médica de alta calidad.

La IA está transformando la educación mediante historias de aprendizaje personalizadas, tutoría adaptativa y herramientas educativas inteligentes. Permite a los educadores adaptar la formación a las necesidades individuales de cada alumno, fomentando mejores resultados de aprendizaje.

La IA se utiliza para optimizar servicios sociales como la distribución de la asistencia social, la asignación de recursos y la respuesta ante catástrofes. El análisis basado en IA ayuda a gobiernos y organizaciones a tomar decisiones basadas en datos para un transporte de servicios más eficiente.

La IA plantea situaciones éticamente exigentes, como sesgos algorítmicos, problemas de privacidad y transparencia en la toma de decisiones. Abordar estos problemas éticos es fundamental para garantizar que la tecnología de IA se utilice de forma responsable y en beneficio de todos.

La automatización impulsada por IA complementa el rendimiento de la organización mediante estrategias de optimización, la reducción de costes operativos y la mejora de la productividad. Las empresas pueden aprovechar la IA para la evaluación de estadísticas, la atención al cliente y el control de la cadena de suministro.

La IA fomenta la innovación al permitir el desarrollo de nuevos productos y servicios. Además, abre nuevos mercados, impulsa el crecimiento económico y crea oportunidades para startups y empresas tecnológicas.

La disrupción impulsada por la IA puede impactar las industrias tradicionales, contribuyendo al declive de grandes sectores de riesgo y al auge de nuevas industrias. Se requieren modelos económicos y medidas de política para abordar las disrupciones de capacidad.

La IA permite la toma de preferencias basada en estadísticas en las empresas, lo que permite realizar pronósticos más precisos, evaluaciones del mercado y planificación estratégica.

La IA está transformando las industrias de los medios y el entretenimiento mediante la personalización de sugerencias de contenido, el desarrollo de obras generadas por IA y la mejora de las evaluaciones de datos digitales.

Las herramientas de traducción de idiomas impulsadas por inteligencia artificial están superando las limitaciones lingüísticas, vendiendo comunicaciones globales y fomentando el intercambio cultural.

La tecnología de IA contribuye a la protección del patrimonio cultural a través del archivo virtual, la recuperación de artefactos antiguos y los esfuerzos de conservación cultural.

El contenido generado por IA y la tecnología deepfake aumentan las preocupaciones éticas sobre la autenticidad y confiabilidad de la información, lo que requiere una alfabetización mediática crítica y una verificación de contenido.

La inteligencia artificial es el uso de la fuerza que impulsa los cambios sociales, económicos y culturales. Su impacto abarca desde la revolución de la atención médica y la educación hasta la mejora del rendimiento empresarial y el fomento de la innovación. Sin embargo, junto con sus ventajas, la IA también plantea desafíos que requieren consideraciones éticas y medidas políticas bien pensadas. A medida que avanzamos en el futuro de la IA, el desarrollo responsable, la colaboración y la inclusión serán vitales para aprovechar su capacidad para generar un cambio social positivo, al tiempo que se mitigan los riesgos de capacidad. Adoptar las tecnologías de IA con un enfoque centrado en el ser humano allanará el camino hacia un futuro en el que la tecnología y la humanidad coexistan en armonía, generando mejoras transformadoras en todos los ámbitos de la vida.

10.3.2 Visualizando la relación entre la humanidad y la inteligencia artificial en el futuro

La futura relación entre la humanidad y la inteligencia artificial (IA) tiene profundas implicaciones para la sociedad, el estilo de vida y la esencia misma del ser humano. A medida que la tecnología de la IA se adapta, imaginar esta relación es emocionante y difícil a la vez.

Un futuro potencial es una alianza colaborativa entre seres humanos y sistemas de IA. La IA podría operar como potentes herramientas que aumenten las capacidades humanas, permitiéndonos resolver problemas complejos, tomar decisiones más informadas y superar los límites de la innovación. Las tecnologías impulsadas por IA deberían funcionar a la perfección con los humanos en campos como la salud, la investigación y la creatividad, potenciando la capacidad humana y promoviendo un desarrollo excepcional.

La IA debe impulsar el desarrollo del talento humano mediante interfaces mente-computadora e implantes neuronales. Esta integración también podría permitir a las personas acceder a grandes cantidades de conocimiento, comunicarse directamente o incluso controlar dispositivos físicos con la mente. Estos avances también podrían redefinir nuestra comprensión de la inteligencia y la atención.

En un contexto formidable, los sistemas de IA deben evolucionar para alcanzar el reconocimiento ético y convertirse en agentes morales responsables. Estas entidades de IA podrían participar activamente en la toma de decisiones éticas y priorizar el bienestar humano y el derecho común. Dichas entidades de IA podrían ayudar a resolver dilemas éticos complejos y promover una coexistencia armoniosa con la humanidad.

Imaginar el futuro también implica reconocer los riesgos potenciales. A medida que avanza la era de la IA, será fundamental garantizar las salvaguardias adecuadas contra los riesgos existenciales. Es necesario contar con medidas éticas, gobernanza y regulación de la IA para prevenir el uso malintencionado o los efectos no deseados de ciertas estructuras de IA avanzadas.

La relación entre la humanidad y la IA podría, además, exacerbar las disparidades sociales y económicas. Quienes tienen acceso a tecnologías de IA avanzadas pueden disfrutar de grandes ventajas, mientras que otros pueden quedar rezagados, lo que les lleva a enfrentarse a situaciones sociales estresantes que requieren soluciones proactivas.

A medida que la IA asume responsabilidades que antes eran asumidas por las personas, podrían surgir preguntas sobre la experiencia y la motivación humanas. La humanidad podría necesitar redefinir su identidad, encontrando un significado más allá de los roles convencionales a medida que ciertas responsabilidades se informatizan. Abordar este cambio existencial probablemente sea crucial para los seres humanos y la sociedad en su conjunto.

En una perspectiva más amplia, la IA puede considerarse cocreadora del arte, la tecnología y el estilo de vida. Las colaboraciones entre humanos e IA en iniciativas innovadoras, investigación científica y avances tecnológicos también pueden generar avances y nuevas formas de creatividad que trascienden la imaginación humana.

A medida que las estructuras de IA se vuelven más modernas, podrían surgir debates sobre los derechos de la IA. Algunos incluso podrían abogar por otorgar a las entidades de IA derechos penales y morales para proteger sus actividades y garantizar un tratamiento equitativo.

El futuro que se juega entre la humanidad y la inteligencia artificial es un panorama complejo y en constante evolución. Ofrece una gran capacidad para el desarrollo humano, la resolución de problemas y la exploración innovadora. Sin embargo, también plantea situaciones éticas, sociales y filosóficas estresantes que requieren una reflexión profunda y una mejora responsable. Lograr un equilibrio entre las mejoras de la IA y los valores humanos será vital para forjar un futuro en el que la IA enriquezca y empodere a la humanidad, fomentando una relación simbiótica que beneficie tanto a los sistemas de IA como a la vida humana. A medida que avanzamos, el diálogo abierto, la colaboración interdisciplinaria y las normas éticas serán cruciales para navegar por esta emocionante pero incierta frontera de las interacciones entre humanos e IA.

CAPÍTULO 11

Conclusión

11.1 La relación entre la inteligencia artificial y la humanidad: oportunidades y desafíos

En este libro electrónico, hemos explorado la compleja y cambiante relación entre la inteligencia artificial (IA) y la humanidad, profundizando en las posibilidades y los desafíos que nos aguardan. El rápido avance de la tecnología de IA ha impactado sustancialmente diversos aspectos de nuestras vidas, ofreciendo tanto perspectivas prometedoras como desafíos urgentes.

La IA ofrece posibilidades inauditas para la mejora humana. Desde revolucionar la atención médica con tratamientos personalizados hasta optimizar las operaciones empresariales industriales mediante la automatización, la IA tiene una enorme capacidad para enriquecer el talento humano. Adoptar mejoras impulsadas por la IA puede generar soluciones más ecológicas y eficaces en diversos ámbitos.

Una alianza colaborativa entre personas e IA puede ser transformadora. Al considerar la IA como un dispositivo para reforzar las capacidades humanas, en lugar de modificarlas, podemos aprovechar su capacidad computacional para resolver problemas complejos y tomar decisiones informadas. Las alianzas entre personas e IA son muy prometedoras para fomentar la innovación y el desarrollo.

Garantizar el desarrollo y la gobernanza éticos de la IA es fundamental para aprovechar su potencial de forma responsable. Abordar los problemas de sesgo, transparencia y responsabilidad es fundamental para fomentar la confianza entre los sistemas de IA y la sociedad. Es necesario establecer directrices éticas y marcos regulatorios para defender los derechos humanos y prevenir el uso indebido de la tecnología de IA.

Al visualizar el futuro de la IA y la humanidad, es crucial adoptar un enfoque centrado en el ser humano. La tecnología de IA debe diseñarse teniendo en cuenta los valores, las necesidades y el bienestar humano. Lograr un equilibrio entre las innovaciones de la IA y el bienestar de la humanidad es fundamental para forjar un futuro que beneficie a todos.

Si bien la IA ofrece oportunidades transformadoras, también plantea desafíos y riesgos. El desplazamiento en el mercado de métodos, los sesgos algorítmicos y las preocupaciones sobre la protección de la capacidad exigen soluciones proactivas. Al reconocer estas condiciones preocupantes, podemos trabajar para mitigar su impacto y garantizar un futuro justo e inclusivo.

Dado el impacto multidimensional de la IA, la colaboración interdisciinaria es fundamental. Los responsables políticos, los investigadores, los líderes empresariales y la sociedad civil deben unirse para abordar conjuntamente las complejidades del futuro de la IA. La colaboración fomenta diversas perspectivas, soluciones modernas y una toma de decisiones responsable.

A medida que la tecnología de IA evoluciona, las personas y las sociedades necesitan adoptar un aprendizaje y una adaptación continuos. La educación y las aplicaciones de capacitación serán fundamentales para preparar al personal para un futuro centrado en la IA. Dotar a las personas de nuevas competencias y conocimientos fomentará la resiliencia ante los cambios impulsados por la IA.

Forjar el futuro de la IA y la humanidad es una responsabilidad compartida. Todas las partes interesadas deben participar activamente en el desarrollo, la implementación y la regulación de la tecnología de IA. Enfatizar los valores compartidos, la ética y los sueños a largo plazo contribuirá a una coexistencia más armoniosa y equitativa.

La relación entre la inteligencia artificial y la humanidad es multifacética y ofrece enormes oportunidades y situaciones desafiantes. Al fomentar el desarrollo ético de la IA, fomentar las colaboraciones entre humanos e IA y abordar los riesgos de forma proactiva, podemos forjar un futuro en el que la generación de IA empodere a la humanidad y genere un impacto social excepcional. Un esfuerzo colectivo por implementar la IA responsablemente y un enfoque centrado en el ser humano allanará el camino hacia un futuro en el que la IA complemente la experiencia humana, marcando el comienzo de una nueva generación de innovación y desarrollo. Al embarcarnos en esta aventura transformadora, nuestra determinación compartida de definir el papel de la IA en la sociedad será vital para alcanzar su pleno potencial, a la vez que defendemos los valores e ideas que nos definen como seres humanos.

11.2 Establecer una relación sana y equilibrada con la inteligencia artificial del futuro

Al anticipar el futuro de la inteligencia artificial (IA), es vital establecer una relación sana y equilibrada con esta generación transformadora. La IA tiene el poder de revolucionar industrias, enriquecer vidas humanas e impulsar un progreso notable. Sin embargo, identificar esas ventajas y, al mismo tiempo, mitigar los riesgos de capacidad requiere un enfoque reflexivo y responsable.

El desarrollo ético de la IA debe ser la piedra angular de nuestro enfoque. Priorizar la transparencia, la equidad y la responsabilidad en el formato y la implementación de las estructuras de IA es fundamental. Es necesario contar con marcos éticos sólidos que guíen la mejora de la IA para garantizar que la tecnología se alinee con los valores humanos y respete los derechos humanos.

Mantener un enfoque centrado en el ser humano es vital para desarrollar una generación de IA que contribuya a la satisfacción de las necesidades de la humanidad. La IA debe presentarse como una herramienta para potenciar las habilidades humanas, permitiéndonos afrontar desafíos complejos y abrir nuevas fronteras de estadística y creatividad.

Fomentar la colaboración y la colaboración entre los seres humanos y las estructuras de IA generará una innovación y una mejora más profundas. En lugar de considerar la IA como un riesgo para el empleo humano, debemos considerar su capacidad para complementar las habilidades y la información humanas.

Promover un estilo de vida de aprendizaje continuo y versatilidad es vital para preparar a las personas para el futuro impulsado por la IA. Invertir en programas de formación y desarrollo de habilidades permitirá al personal prosperar en un mundo centrado en la IA.

Establecer una gobernanza responsable de la IA es esencial para garantizar un despliegue sólido y constante de la tecnología. Los responsables políticos, los líderes de la industria y los investigadores deben colaborar para crear directrices integrales que aborden cuestiones éticas y protejan a los seres humanos de los perjuicios para su funcionalidad.

La diversidad y la inclusión son requisitos clave para mejorar la IA. La diversidad de perspectivas e informes puede conducir a algoritmos y soluciones de IA más justos que satisfagan los objetivos de todas las empresas.

Encontrar el equilibrio adecuado entre la automatización y la intervención humana es fundamental. La IA debe mejorar

204| Can Bartu H.

la toma de decisiones humanas, pero estas deben preservar la capacidad de intervenir y tomar decisiones cruciales, especialmente en situaciones de alto riesgo.

Es fundamental identificar y abordar de forma proactiva las situaciones preocupantes asociadas con la IA. Estas también pueden incluir el desplazamiento de proyectos, la privacidad de la información y el impacto social. Al reconocer estas situaciones preocupantes, podemos implementar técnicas adecuadas para mitigar sus consecuencias.

Las tecnologías de IA requieren una evaluación y un desarrollo continuos. La investigación y el monitoreo continuos de los sistemas de IA ayudarán a detectar sesgos y vulnerabilidades de capacidad, garantizando así que la IA siga siendo un dispositivo útil.

Promover la atención y la participación del público en la tecnología de IA fomentará un mayor conocimiento y popularidad. Educar al público general sobre las capacidades y los obstáculos de la IA fomentará la memoria y fomentará su adopción responsable.

Establecer una relación sana y equilibrada con la inteligencia artificial del futuro requiere colaboración, consideración ética y un enfoque centrado en el ser humano. Aprovechar las capacidades de la IA y, al mismo tiempo, abordar sus problemáticas es una responsabilidad colectiva que exige la cooperación de legisladores, investigadores, líderes empresariales y la sociedad en su conjunto. Al moldear proactivamente la trayectoria de la IA, podemos aprovechar su poder para impulsar un intercambio positivo, mejorar la vida humana y crear un futuro que beneficie a todos. El compromiso con el desarrollo responsable de la IA, la gobernanza ética y el aprendizaje continuo nos permitirá avanzar en el camino y cultivar una coexistencia armoniosa y próspera con la tecnología de la IA del futuro.